新一代高速公路（网）“三自”风险防控系统

李海生　宋灿灿　侯福金　张　昱　编著

人民交通出版社
北　京

内 容 提 要

本书在大量实验与理论分析的基础上，选取具有代表性的高密度路网——京台高速泰安至曲阜段高速公路网为例，全面系统地阐述了新一代高速公路(网)"三自"风险防控系统与工程实践，建立了服务于交通风险监测的高速公路运行环境与交通运行状态的精准预测方法，构建了基于边缘计算的多源异构数据关联、融合与态势评估模型，构建了兼具路网结构信息与交通运行状态的路网运行状态评估模型，提出了交通事件时空影响范围预测模型。基于交通系统最优-驾驶员最优原则，提出了面向路网安全高效运行的动态路径诱导双优算法，构建了高密度路网的动态路径诱导模型，开发了高速公路网全时安全运行风险管控系统。

本书可供公路管理人员和交通运输工程领域的研究人员参考使用，也可作为大专院校师生的教学参考书。

图书在版编目(CIP)数据

新一代高速公路(网)"三自"风险防控系统 / 李海生等编著. — 北京 : 人民交通出版社股份有限公司, 2024.5

ISBN 978-7-114-19517-4

Ⅰ. ①新… Ⅱ. ①李… Ⅲ. ①高速公路—交通运输安全—安全管理—风险管理—研究 Ⅳ. ①U491.4

中国国家版本馆 CIP 数据核字(2024)第 086299 号

书　　名：新一代高速公路(网)"三自"风险防控系统
著 作 者：李海生　宋灿灿　侯福金　张　昱
责任编辑：崔　建
责任校对：赵媛媛　龙　雪
责任印制：刘高彤
出版发行：人民交通出版社
地　　址：(100011)北京市朝阳区安定门外外馆斜街 3 号
网　　址：http://www.ccpcl.com.cn
销售电话：(010)59757973
总 经 销：人民交通出版社发行部
经　　销：各地新华书店
印　　刷：北京市密东印刷有限公司
开　　本：787 × 1092　1/16
印　　张：8
字　　数：190 千
版　　次：2024 年 5 月　第 1 版
印　　次：2024 年 5 月　第 1 次印刷
书　　号：ISBN 978-7-114-19517-4
定　　价：45.00 元

PREFACE | 前言

交通运输业是国民经济的基础行业，对社会发展进步起到了十分重要的支撑作用。我国高速公路的建设与发展就是一部改革开放的进程史，经历了20世纪70年代论证、80年代突破、90年代之后快速发展的过程。截至2022年末，全国高速公路总里程达到17.73万km，路网密度大幅增加。近年来，我国在公共安全治理方面，提出了"源头治理""双重预防机制建设""本质安全""安全第一、预防为主"等重要举措，充分体现了居安思危、未雨绸缪的风险防控意识和事预则立的经验智慧。交通运输是经济社会发展的基础性、先导性、战略性产业和服务性行业，是保障国家安全的重要领域，必须坚定不移贯彻总体国家安全观，为加快构建新安全格局当好先行。

"安全保障完善可靠、反应快速"是加快建设交通强国的重要任务之一，国内外经过多年的技术攻关与不断求索，通过数据检测、信息传输、风险评估、预警干预、交通管控和系统集成等技术研究，对高速公路（网）安全风险进行主动防控，这是提升高速公路交通安全保障能力的最佳路径。针对我国高速公路（网）呈现出的路网密集、车道数多、交通量大、车辆类型多、新型混合交通流、恶劣天气频发等特征，面向高速公路（网）运行风险监测与运行安全保障的共性研究问题，应从高速公路运行状态感知、运行风险分析、风险传播预测、路径诱导实现与管控系统搭建的系统链路入手，研究针对新一代高速公路（网）的自感知、自诊断、自发布的风险防控系统，旨在改变以往路段级、低时间粒度的风险监测，提供主动的、车道级、路网级的高速公路（网）交通安全服务，减少交通事故，降低事故伤害和减小影响范围，提升我国高速公路（网）安全服务水平，助力实现交通强国的建设目标。

本书的出版有助于推动我国高速公路现代治理迈上新台阶、高速公路交通治理能力达到新水平、高速公路交通本质安全实现新提升、高速公路交通事故预防取得新成效。

本书共分为5章。第1章由宋灿灿、朱本成、吕路、张昱、荆迪菲撰写。第2章由侯福金、张昱、吕路撰写。第3章由李海生、吕路撰写。第4章由宋灿灿、荆迪菲撰写。

第5章由李海生、朱本成撰写。李海生和吕路负责全书的统稿工作。在此向全体编写人员致谢!

由于编写人员水平有限,不足之处在所难免,恳请读者批评指正。

编写组

2023年10月9日

CONTENTS | 目录

第 1 章　概述 …… 1

1.1　背景与意义 …… 1

1.2　国内外研究现状综述 …… 3

1.3　主要内容 …… 8

第 2 章　灾变性天气与交通事件下高速公路运行状态感知 …… 9

2.1　灾变性天气描述与分级 …… 9

2.2　灾变性天气预测与交通状态监测算法 …… 12

2.3　交通事件的描述与分类 …… 23

2.4　交通事件自动检测方法 …… 26

2.5　本章小结 …… 33

第 3 章　交通运行风险分析及风险传播预测 …… 35

3.1　高速公路管控单元划分 …… 35

3.2　交通运行风险监测 …… 46

3.3　交通运行风险预测 …… 57

3.4　本章小结 …… 69

第 4 章　路网交通诱导与信息发布 …… 71

4.1　高速公路网路径诱导策略 …… 71

4.2　基于节点承载力的高速公路网诱导路径算法 …… 78

4.3　诱导信息发布 …… 80

4.4　本章小结 …… 94

第 5 章　运行平台 …… 95

5.1　功能需求与平台架构 …… 95

5.2　数据库 …… 97

5.3　运行机制 …… 110

5.4　本章小结 …… 115

参考文献 …… 117

第1章

概　述

1.1 背景与意义

自20世纪80年代起，我国高速公路经历了从无到有、从少到多的发展阶段，时至今日，全国高速公路网规模已基本形成，为经济社会的发展作出了巨大的贡献。随着高速公路规模的扩大，以及人民群众对道路安全性、舒适性、便捷性等要求的日益提高，建设更安全、更舒适、更友好的高品质高速公路工程，已成为高速公路建设者、投资者、管理者、设计者共同关注的重要问题，面向运营安全的高速公路管理和控制显得越来越重要。

高速公路运营主要考虑的是安全与效率两方面的问题：安全，包含预防交通事故和避免交通拥堵；效率，涉及高速公路的通行能力和高速公路运营管理公司的经济性。广义上的运行风险管控，是上述安全与效率问题的耦合体现。在"以人为本"发展理念和"零死亡"发展愿景的指导下，新一代高速公路运行风险管控应该本着安全优先、兼顾效率的原则，积极面对自动驾驶、智慧高速公路等现代高速公路产生的新变化，探索建立更加智能化的安全管控系统。

近年来，我国民用汽车保有量基本保持较快的增长速度。汽车保有量的增加，可能带来更多更严重的交通拥堵、交通事故。我国部分高速公路长时间处于一种超负荷的运营状态，节假日期间尤为突出。此外，汽车保有量的增加也迫使我国多条早期建设的高速公路进行改扩建，车道公里数稳步增加，同时出现了一些专用车道，如客车专用车道、货车专用车道、轻型小客车专用车道、多乘员专用车道等，这些变化都给新一代高速公路安全运营管理带来很大的压力。此外，目前我国道路交通安全形势依然不容乐观，近几年我国道路交通事故死亡总人数有所反弹，这与汽车保有量大幅增加而有效的管控手段却没能及时跟进有重要的关系。

时至今日，随着现代科学技术的发展进步，我国高速公路(网)智能化程度逐渐提高，"人-车-路-网-云"五维协同的智能化发展目标已经提出：自由的人、聪明的车、智慧的路、灵活的网、强大的云。自动驾驶、车路协同等发展方向从国家和地方层面已经在稳步推进实施。当前,人们对于在自动驾驶和人工驾驶混合、自动驾驶专用车道、全部自动驾驶等条件下,高速公路交通系统各要素之间是怎样的关系,以及各要素对安全系统的影响等问题均不明确,这对智能化的风险管控造成一定的困扰。

近年来,我国对新一代交通的建设愈发重视起来。《交通强国建设纲要》指出,未来 3 ~ 5 年“建成集智能管服、快速通行、安全保障、绿色节能、车路协同为一体”的新一代高速公路系统。尤其是近年来,京沪高速公路(山东段)、京台高速公路、济青高速公路及全国其他地区道路等新建及改扩建工程的实施,新一代高速公路的路网更密、车道更多、车速更快、流量更大、数字化和智能化程度更高、管理监测手段也更丰富。开展新一代高速公路交通风险监测与分析技术研究,攻克交通不良天气、运行状态监测、数据分析与事件预测技术,解决高速公路交通流智能感知不准确、预测不完善等技术难题,对于提高高速公路通行效率、降低交通事故率、保障道路使用者生命和财产安全意义重大。

本书在以下方面具有理论意义和应用价值。

(1)抓住高速公路改扩建契机,通过客货交通组织技术、基于人因的标志标线优化设计与交通诱导系统、全时安全动态监测、运行风险实时诊断与规避等实现新一代多车道高速公路运行安全与效率的提高。

(2)推进数据驱动技术在新一代高速公路(网)安全风险监测与管控技术等方面的应用,可为新一代高速公路(网)全时动态安全运行状态监测技术、风险分析理论、决策方法与管控措施提供数据支撑。

(3)通过大数据等新一代信息技术的集成创新与应用,加强高速公路运行风险监测、路网运行管控、应急调度指挥等核心业务系统建设和应用,有效提升高速公路(网)全时运行安全管控智能化水平。

(4)新一代高速公路(网)硬件设施健全、监控设备基本实现了路网全覆盖;研究基于人因的新一代高速公路(网)指路标志标线和交通诱导系统,可有效遏制新一代高速公路(网)不良驾驶行为及其诱发的交通风险,实现灾变事件下的高速公路(网)动态交通组织。

(5)提高路网交通运输决策支持能力。基于大数据、移动互联网、信息系统等信息技术,依托行业数据资源交换共享和开放应用工作,构建路网交通运输大数据监测评估系统,提升宏观决策、业务管理和社会服务的能力和水平,从而为全面提升新一代高速公路网运营安全水平和应急救援服务能力夯实基础。

(6)增强安全监管与应急处置能力。加快推进交通运输安全监管体系建设,提升新一代高速公路安全管理、隐患治理、风险管控等能力,形成集多种运输方式日常运行监测、重点运行指标分析、预测预警和突发事件应急处置为一体化的平台。

(7)要实现“零死亡”愿景,需提高新一代高速公路(网)运行管控的智能化水平;以高速公路(网)自感知、自诊断、自展示为理念,探索高速公路(网)神经网络及其运用技术,探索“三自”高速公路(网)的技术标准,为全面实现新一代高速公路的全时安全与高效运营提供智能科学技术。

1.2 国内外研究现状综述

研究交通事件下的交通流运行状态变化,是选择交通事件检测关键变量、设置相关参数临界阈值的前提。通过驾驶模拟实验、仿真实验、交通调查以及对交通事故资料的统计分析,可以得出交通事件条件下车辆运动特性以及交通流参数特征、交通事故主要诱因,为采取相应的路网运行效率提升和交通安全保障措施奠定基础。

1.2.1 交通事件与气象环境监测技术

1.2.1.1 交通事件的监测

交通事件的表现形式多样,如交通事故、恶劣天气、道路施工、节假日大客流等,不同交通事件下交通流状态变化程度(如传播范围、持续时间等)、所产生的行车安全隐患以及行程时间可靠性变化均具有显著差异。对交通事件进行快速、准确的检测,对于降低交通事件产生的不利影响、有效提升路网运行效率具有重要作用。总体上看,交通事件检测方法可以划分为三类,即基于交通流运行参数变化表征的交通状态判别法;基于数据清洗和多类事件检测模型相融合的组合事件检测法;基于车联网、车路通信、机器视觉等技术所建立的具有普适性的交通事件检测法。

利用单一模型进行交通状态判别,主要包括参数对照法和模型评价法。参数对照法通过直接和间接交通流运行参数变化对交通事件进行检测;模型评价法以特征交通参数为自变量,以事件等级为因变量,通过对交通流参数调查实现交通事件的自动检测,输入的特征变量包括占有率、转向交通量、线路长度、交通流速等,所建立的交通事件检测模型主要有隐 Markov 模型、贝叶斯网络模型、离散时间信号模型、二元 Logit 回归模型、机器学习和数据挖掘模型等。在利用单一模型法进行交通状态判别时,参数对照法是参数模型法的建模基础。由于单一模型在适用范围和检测效果方面存在一定缺陷,国内外学者对混合交通事件检测模型进行了研究。

(1)混合交通事件检测模型。混合交通事件检测模型主要包括两部分:第一,对初始交通数据进行筛选和清洗;第二,通过统计分析和非参数数据挖掘技术建立交通事件检测模型。由于加入了数据清洗模块,交通事件检测效果得到有效提升。AGARWAL S 研究了具有小波变换数据特征提取功能的逻辑回归混合交通事件检测模型;HANG K 建立了包含数据处理模块和专家经验库事件检测模块的贝叶斯网络模型;SINGLIAR T 建立了支持向量机机器学习模型和基于动态贝叶斯网络的标签重组模型;LU J 提出了一种偏最小二乘法与人工神经网络相结合的混合模型法进行交通事件检测,并在初始阶段进行了交通数据清洗。随着数据存储与数据处理技术的发展,依靠人工智能技术可以有效提升交通事件检测的检出率、准确性和及时性。

(2)新一代交通事件智能检测技术。SHEIKH M S 利用车路通信技术,使用融合观测法进行交通事件检测,以大于 4s 的换道持续时间作为是否发生交通事件的临界判别标准。孙梦婷基于分类树模型,通过对道路进行分段,以路段平均行驶速度作为评价指标实时监测拥堵点位置。SUN L 利用智能手机采集的数据,提出了一种基于集合理论的高速公路交通事故检测算法,利用道路通行能力的变化评估交通事故是否发生。郁剑对视频能见度检测、雨雪冰检测、交通事件检测以及交通事故预测进行了研究,建立了极限学习机-交通事件检测法,优化了智能交通集成系统框架和内容。

交通事件的监测研究伴随着计算机技术、信息与通信技术的发展,以实用为导向,以降低交通事件带来的不利影响为目的,在交通工程设施自动化、智能化的发展趋势下,交通事件检测系统的检出率、准确率、及时性等检测性能评价指标值将不断趋优。

1.2.1.2 气象环境的监测

根据气象对交通的影响程度与具体的影响指标,交通领域对气象环境的监测包括对雾天能见度、风速风向、气温、湿度、路面状态的监测。能见度的监测设备分为能见度仪和视频监控两种方式。能见度仪主要分为大气透射仪和前向散射仪两种。前者的测量范围受基线长度的影响,而且由于光学收发系统分体安装,现场调试校对相对困难;后者则是通过测量大气对光的散射方法来推测能见度,但是它取样空间小,测量的只是一个较小体积空气样本的散射值,代表性稍差,标定相对困难。多位学者研究了通过视频图像监测雾天能见度。郄岩采用 Canny 算法进行边缘检测后,利用伸缩矩形窗快速检测车道线计算车道线两端透射率,结合车道线距离信息获得图像的消光系数,进一步推导得到当前检测图像的能见度。叶栋水提出一种基于视频的雾天能见度监测方法,该方法将图像划分若干个窗格,以均方差和平均梯度为监测因子,通过相关性分析筛选出最优兴趣窗格的图像特征矩阵,建立 BP 神经网络修正线性残差组合模型。

风向监测方面,主要分为电磁式风向传感器、光电式风向传感器、电阻式风向传感器三种。风速传感器主要分为机械式(主要有螺旋桨式、风杯式)、热风式、皮托管式和基于声学原理的超声波式。

根据美国国家航空和航天局官方网站所发布的研究报告,降雨和降雪在时间和空间上的变化都很大,因此对于降水的度量是有难度的。而高速公路作为带状结构物,车辆在带状结构物上的移动加剧了降水的时空多变性。此外,降水主要是通过影响路面状态进而影响交通,因此,针对降水的监测主要通过路面状态监测器进行,早期的路面状态监测器主要来源于欧洲,随着车路协同的飞速发展,国产的路面状态监测器逐渐成为主流,监测的参数主要包括路面湿滑系数、水膜厚度、冰层厚度、路面温度等。而对于降水量的监测主要用于智能雨刷系统,降水的识别方法主要包括图像识别和无线链路探测。

1.2.1.3 交通状态感知融合

为了提高交通状态感知的精度,国内外学者对多种交通状态感知设备、交通状态与气象监测数据进行了感知融合的研究和探索。为克服雨天对雷达信号的干扰,Ehud 等在雷达采集系统中加入了雷达信号处理算法,通过对雨滴反射的雷达信号进行分析,建立当前雨量集群模型,从而有效减轻反射雷达信号中雨杂波的影响。为获取道路车辆车型信息,Huval 等使用摄像机对交通流数据进行采集,然而在雨天时图像质量严重下降,无法采集有效信息。为克服雨天影响,S. You 在使用摄像机采集数据的基础上加入了图像处理算法,抵消了部分雨滴影响,提高了图像质量，然而此方法算法复杂度较高，且算法准确度在不同降雨强度下不稳定。Wasaki 采用红外摄像机对道路信息进行采集，此方法虽可通过检测温度较高的车辆轮胎来确定车辆位置信息，但无法有效获取车辆车型信息与非车辆目标信息。Mendes 通过激光雷达与 Kalman 滤波算法，实现了对道路目标精确检测与对其运动信息的精准获取，但是因激光雷达所发红外线波长较短，传播距离受不良天气影响较大，导致该方法在不良天气下准确度较低。施树明使用基于感光耦合器件(Charge Coupled Device，CCD)摄像机内部参数标定的方法对车辆进行了测距，但因实际距离与像素坐标为非线性关系，导致其方法在测量较远距离目标时误差较大。X. Wang 使用雷达与摄像机共同采集交通流数据，使用雷达对路段整体进行扫描，将扫描到目标的区域使用摄像机对其图像进行采集与识别。此方法既能获取车辆运动信息，又可对被检测目标的车型进行识别。但因此方法所用摄像机为单目，摄像机本身无法获取车辆距离信息，仅靠雷达采集车辆数据，雨雪天气准确度较低。

吴建波在延庆至崇礼高速公路设计的路况感知系统，虽同时使用了雷达与视频对道路信息进行采集，但没有进行数据融合，所采集雷达与视频数据未能进行目标同步，致使单车运行数据的采集种类较少。张艺等构建了基于激光雷达、毫米波雷达与全景相机的交通数据采集系统，证实了基于多传感器融合的交通数据采集系统，其目标识别精度高于单一传感器，然而该系统对融合后数据的优化处理步骤较少，其精确度仍有提升空间。

1.2.2 运行风险分析与风险传播预测

交通事件影响范围计算模型可以反映不同时刻交通事件影响范围边界。受交通事件类型、动静态交通属性差异影响，交通事件持续时间与影响范围之间既有关联一致性，又有各自独立性。根据交通事件特征和基础交通流运行参数，可以实现交通事件时空影响范围预测。交通事件时空影响范围预测是智能交通系统的关键功能之一，可以作为先进的出行者信息系统(ATIS)和先进的交通管理系统(ATMS)的子系统。

1.2.2.1 交通事件持续时间预测

交通事件持续时间是指由交通事件发生、响应、清除至道路恢复通行所经历的总时间。通常将交通事件发生至事件清除的时间称为交通事件延误时间，交通事件延误时间与事件类型和应急管理部门服务水平有关。从高速公路运管部门所获得的时间包括收到交通事件报警时间、事件清除时间，进而可以计算得到交通事件延误时间。

LI R 对交通事件持续时间影响因素和预测方法进行了综述，对如何使用大数据资源以及提升预测模型准确性进行了展望。由于影响交通事件持续时间的因素较多，可获得和使用的信息有限，针对该过程的复杂性，DIMITRIOU L 提出了基于模糊规则的交通事件持续时间预测方法。姬杨蓓蓓利用上海市外环路交通事件数据，建立了基于贝叶斯决策树的交通事件持续时间预测模型。杨超结合贝叶斯网络和非参数回归方法，提出了一种新的交通事件持续时间预测模型。高珍通过随机生存森林模型进行交通事件持续时间分析，该模型可以克服决策树模型易过度拟合、生存分析模型需进行限制性假定的缺陷。受限于可获得的交通事件时间信息，上述模型仅对交通事件延误时间进行了研究。

当交通事件严重程度等级较高时,意味着将会产生更长距离的拥堵和更大范围的影响,交通恢复时间将在很大范围上影响路网的运行效率,此时单纯考虑交通事件延迟时间已经不能满足实际需要。因此,国内外学者通过对排队拥堵车辆的消散过程分析,基于交通流理论模型、元胞自动机模型综合计算交通事件持续时间。

1.2.2.2 交通事件辐射范围预测

交通事件辐射范围在广义上是指交通事件产生的影响范围,狭义上指交通事件产生的拥堵范围。由于车辆的排队集结和消散过程,导致拥堵具有明显的传播特性,研究人员对拥堵的传播模式、覆盖范围以及拥堵预测进行了深入的分析,但当前研究主要集中在城市路段。

韦伟通过构建交通流当期事件下的空间计量模型,提出了一种交通流拥堵传播分析方法,结果表明当路网交通流密度大于临界密度 22 辆/km 时,交通事件空间影响范围加剧。姚荣涵基于二流理论建立了当量排队长度模型,并使用微积分方法推导了当量排队长度变化率模型。

MORALES J M 根据高速公路拥堵事件处理报告,提出了一种可快速计算由交通事件引起的延误、基本通行时间和最大排队长度计算方法。基于车辆在事件上游强制减速换道和事件下游任意加速换道的行为,SHEU J B 使用六个随机交通参数建立了排队长度计算模型。丛浩哲结合互通式立交转向交通量对事件辐射范围的影响,建立了路网条件下事件影响范围计算模型。

在交通事件发生和处理过程中,不同时段、不同位置的交通流密度处于动态变化之中。因此,建立时变的交通事件辐射范围预测模型更能符合动态交通诱导与管控的需要。

1.2.2.3 交通事件时空影响范围预测

事件发生后当道路通行能力小于上游交通需求时,交通事件辐射范围随事件持续时间的增加而增加;当事件发生后道路通行能力大于上游交通需求时,或者交管部门对到达车辆采取分流、限行等措施后,事发路段并不会产生明显的排队以及拥堵传播现象。交通事件时空影响范围预测主要利用事件状态下交通流运行参数的变化特征,通过建立拥堵距离随时间的变化关系模型计算交通事件产生的影响。

YANG L 通过判断路段间拥堵的时空相关性,提出了一种时空共位拥堵模式挖掘法来发现城市交通中的拥堵传播模式。臧金蕊通过对拥堵蔓延速度的影响因素分析,建立了时变的拥堵扩散范围边界模型。PAN B 依据交通事件和交通流信息资料,建立了时变的交通事件空间影响范围计算模型。XIE K 对飓风 Sandy 存续期内的交通事件持续时间进行了研究,数据统计表明相邻路段事件持续时间与其距离事发路段的空间相对位置有关。LIU C 将交通模型与地理信息系统的时空分析技术相结合,研究了交通事件的动态变化过程,提出了一种交通事件动态时空分析模型。

建立时变的交通事件辐射范围预测模型,对于动态诱导与管控事件影响区或即将驶入事件影响区内的车辆、减小交通事件带来的不利影响、提升路网运行效率具有重要作用,这也是进行交通事件时空影响范围预测研究的主要目的。

1.2.3 高密度路网区标志标线优化设计与交通诱导系统开发应用

随着科学技术的发展、道路现代化进程的推进和实时交通数据采集手段的进步,路径诱导已经从早期的静态路径诱导向逐渐完善的动态路径诱导发展。静态路径诱导在实际应用中只能为出行者提供简单的地理信息,不能反映实时的道路交通运行状况,因此已经逐渐被动态路径诱导所取代。动态路径诱导基于实时交通运行状况为道路使用者提供最优路径,符合居民对出行水平的更高需求。

交通诱导系统研究的起点是美国在 20 世纪 60 年代展开的电子路径诱导系统(Electronic Route Guidance System,ERGS)项目,ERGS 采用静态路径诱导策略。随后,美国先后展开了 Trav Tek、ADVANCE、TravInfo、TRANSGUID 等动态路径诱导系统的研究,为出行者提供以地理信息系统(Geographic Information System,GIS)为基础的包括道路速度、行程时间、绕行策略等全方位的交通信息服务。

随着路网密度的增大,对于网络环境下高速公路交通运行状态的准确研判是改善路网交通管理水平的前提,而既有高速公路管控措施往往以重点路段或道路为研究对象,对于网络环境考虑较少,且对突发事件下的交通状态时空演变规律考虑不足,未对诱导路径发布后对路网交通流再次分布产生的结果进行跟踪评价,无法为出行者提供更为实时准确的诱导信息。尽管动态路径诱导系统虽然在国外已经得到较为广泛的应用,但国内在动态路径诱导方面的研究尚不成熟,既有研究对于路径诱导的判别条件、路径诱导区域的选取多采用定性分析的方法,在实际应用中仍主要依靠交通管理人员的经验进行人工决策,缺乏定量化的分析方法来对路径诱导的启动时机、路径诱导区域和路径诱导方案的确定进行有效支撑,也尚未形成一套完整的动态路径诱导体系。对于高密度高速公路网交通动态路径诱导方法的量化分析和实施策略尚有待研究。

1.2.4 路网运行态势可视化分析

由交通事件时空影响范围计算模型可以得到事件发生后,拥堵范围随时间的变化关系。为了更直观地展示交通事件影响下区域路网运行态势变化,将交通状况图层与多维路网图层相结合,对交通态势进行可视化展示。根据交通事件影响范围预测结果发布相应的交通管控措施,可以降低交通事件带来的不利影响。

可视化分析技术在分析和利用交通大数据方面扮演了越来越重要的角色,是智能交通系统的一项重要研究内容。ANDRIENKO G 建立了将交互视觉显示和数据库操作相结合的人车移动数据分析框架,用于交通流量的可视化分析。WANG Z 基于 GPS 轨迹数据,通过研究车辆速度变化绘制交通堵塞时空传播图,对城市交通运行状况进行分析。朱军提出了一种面向实时道路交通大数据的大规模流光线网络轻量化可视方法,实现对道路交通数据的动态可视化表达。邢雪结合可视图理论构建了交通流时间序列关联网络,为交通流动态分析提供了可视化角度。

智能地图的路况功能原理为将车辆定位数据与道路网络数据进行匹配,获得车辆行驶状态;通过对车辆行驶状态集计,得到路网运行状态。HILTON B N 通过绘制交通事故地理位置频率分布热力图,向出行者传达交通事故空间密度信息。ZHOU J 基于浮动车数据,提出了在电子地图上预测和显示动态交通状态的方法。VANDANIKER M 通过在交互式地图上绘制交通事故随时间轴的变化信息,对实时和历史交通事故资料进行可视化展示。

进行交通态势可视化需要路网层和交通状况层两个图层信息,位置匹配是连接各图层的纽带。当前,电子地图服务商已经向用户提供了具有交互功能的地图数据可视化平台。结合交通运行状况在时间维度的变化,制作交通态势变化预测动态图,可以实现交通事件影响范围预测结果可视化。

1.3 主要内容

本书共 5 章内容,第 2 ~ 5 章的主要内容如下:

(1)灾害性天气与事件、运行状态诊断(自感知)。

运行环境受到灾害性天气与交通事件的影响极易引发交通事故,为保障高速公路运行安全,应通过布设各种铺面感应设备实现对运行环境风险状态的自感知。当灾害性天气发生时,交通气象感知设备(如路面状态传感器、能见度仪、一体式气象站等)可以实时感知当前高速公路的路面结冰状态、积水状态以及高速公路团雾易发情况。高速公路交通流量出现拥堵时,交通运行状态感知设备(如双目相机、微波雷达、雷视一体机等)可以实时感知高速公路车速、车辆轨迹、车头时距、车道占有率等参量。高速公路感知数据通过边缘计算设备在雾端实现数据解析,实现高速公路灾害性天气与事件、运行状态诊断。

(2)运行风险分析与风险传播预测(自诊断)。

根据交通事件时空占有特征以及事件下的驾驶行为特征,建立区域路网交通运行风险预测模型。由路网运行风险预测结果,提出风险传播阻断技术方案,对保障事件下的路网运行安全具有重要作用。本章首先建立了时变的拥堵队列长度计算方法;根据拥堵队列中典型场景下的车辆碰撞风险,以拥堵队列中可能发生的车辆碰撞事故数为路网运行风险评价指标,建立拥堵队列中的车辆数与车辆碰撞事故数之间的关系模型;以避免发生车辆碰撞为前提条件,计算得到需要在事发路段上游进行诱导分流的车辆数,从而建立区域路网交通运行风险传播阻断技术方案。

(3)路网交通诱导与信息发布(自发布)。

在既有交通需求和路网容量下,通过交通诱导方法来规避大面积区域拥堵,实现交通流的合理分布,提高道路利用率,是交通管理者最为青睐的策略。本章构建了适用于高速公路网的路网-驾驶员双优路径诱导策略模型,提出了面向路网安全高效运行的动态路径诱导算法,提升了最优路径规划的效率,通过交通仿真实验验证了算法有效性。提出了可变信息标志(Variable Message Signal,VMS)、导航平台和基础设施车联网(Infrastructure to Vehicle,I2V)等高速公路网路径诱导信息发布方式优化方法,针对 VMS 部分参数开展驾驶模拟实验,包括版面要素组合、前置距离等,给出 VMS 推荐版面要素组合及安全前置距离。

(4)运行平台。

基于上述高速公路运行环境数据模型,利用先进的信息技术,提出系统功能需求与平台架构,确定管控平台数据库结构,给出数据流图及运行机制,建立现代高速公路全时安全运行风险管控系统。

第2章

灾变性天气与交通事件下高速公路运行状态感知

车辆通行环境包括道路环境、交通环境以及气象环境。当车辆通行环境发生变化时,车辆运行状态随之改变。对车辆通行环境的感知,是进行路网交通运行风险预测、制定风险传播阻断技术方案的基础。根据交通事件时空占有特征以及事件对车辆通行产生的影响,提出交通事件定义以及交通事件表征方法。由事件下的交通流运行特征,建立交通事件检测算法。根据实时交通流运行数据,实现对交通事件发生时间、发生位置的快速检测,以及对路网运行状态的快速感知。

2.1 灾变性天气描述与分级

灾变性天气是正常天气现象的加剧演变。高速公路常见灾变性天气包括暴雨、暴雪、团雾以及道路结冰等情况,对于高速公路交通运行状态的诊断需要考虑不良天气条件的影响,因此,需要对雨、雪、雾以及结冰等天气进行量化分级。

2.1.1 雨雪天气分级

我国气象部门把下雨、下雪都叫作降水,降水的多少叫降水量。降水量就是指从天空降落到地面上的液态和固态(经融化后)降水,没有经过蒸发、渗透和流失而在水平面上积聚的深度。降水量的单位是mm。1mm的降水量是指单位面积上水深为1mm。在气象上依据降雨量来区分降雨的强度,可分为微量降雨(零星小雨)、小雨、中雨、大雨、暴雨、大暴雨、特大暴雨共7个等级;依据降雪量来区分降雪的强度,可分为微量降雪(零星小雪)、小雪、中雪、大雪、暴雪、大暴雪、特大暴雪共7个等级。

不同时段的降雨量等级划分见表2-1,不同时段的降雪量等级划分见表2-2。

不同时段的降雨量等级划分 表 2-1

等级	时段降雨量(mm)	
	12h 降雨量	24h 降雨量
微量降雨(零星小雨)	<0.1	<0.1
小雨	0.1~4.9	0.1~9.9
中雨	5.0~14.9	10.0~24.9
大雨	15.0~29.9	25.0~49.9
暴雨	30.0~69.9	50.0~99.9
大暴雨	70.0~139.9	100.0~249.9
特大暴雨	≥140.0	≥250.0

不同时段的降雪量等级划分 表 2-2

等级	时段降雪量(mm)	
	12h 降雪量	24h 降雪量
微量降雪(零星小雪)	<0.1	<0.1
小雪	0.1~0.9	0.1~2.4
中雪	1.0~2.9	2.5~4.9
大雪	3.0~5.9	5.0~9.9
暴雪	6.0~9.9	10.0~19.9
大暴雪	10.0~14.9	20.0~29.9
特大暴雪	≥15.0	≥30.0

《公路交通安全态势评估规范》(GA/T 960—2011)对于公路交通安全态势进行了解释,即一条或与之相关的多条公路当前交通运行安全状态以及未来演变趋势。《公路交通安全态势评估规范》规定的雨天环境下的交通安全态势等级见表 2-3,雪天环境下的交通安全态势等级见表 2-4。

雨天环境下的交通安全态势等级 表 2-3

态势等级	气象条件
Ⅳ级	大雨,降水量大于或等于 25mm/d,小于或等于 49.9mm/d 或能见度大于 200m,小于或等于 500m
Ⅲ级	暴雨,降水量大于或等于 50mm/d,小于或等于 99.9mm/d 或能见度大于 100m,小于或等于 200m
Ⅱ级	大暴雨,降水量大于或等于 100mm/d,小于或等于 200mm/d 或能见度大于 50m,小于或等于 100m
Ⅰ级	特大暴雨,降水量大于 200mm/d 或能见度小于或等于 50m

雪天环境下的交通安全态势等级 表 2-4

态势等级	气象条件
Ⅳ级	小雪,降雪量大于或等于 0.1mm/d,小于或等于 2.4mm/d,或能见度大于 200m,小于或等于 500m,或积雪厚度小于或等于 3cm
Ⅲ级	中雪,降雪量大于或等于 2.5mm/d,小于或等于 4.9mm/d,或能见度大于 100m,小于或等于 200m 或积雪厚度大于 3cm,小于或等于 5cm
Ⅱ级	大雪,降雪量大于或等于 5.0mm/d,小于或等于 9.9mm/d,或能见度大于 50m,小于或等于 100m,或积雪厚度大于 5cm,小于或等于 8cm
Ⅰ级	暴雪,降雪量大于或等于 10mm/d,或能见度小于或等于 50m,或积雪厚度大于 8cm

由此可见,我国目前依据雨雪大小划分,划分的依据停留在平均降水量层面,并没有将实时的降水量对交通运行的影响考虑其中。同时,雨雪天气条件对于交通影响的考虑较为简单,仅分析了能见度的影响,没有做到精准处置。

2.1.2　雾天等级划分

雾是近地面微细水滴或冰晶附着在大量的悬浮颗粒上形成的集合体。根据能见度大小,将雾分为四个等级:雾:水平能见度低于 1km 的称为雾;大雾:水平能见度在 200 ~ 500m 之间的雾称为大雾;浓雾:水平能见度在 50 ~ 200m 之间的称为浓雾;强浓雾:水平能见度不足 50m 的雾称为强浓雾。依据《公路交通安全态势评估规范》(GA/T 960—2011),基于能见度对雾天进行安全等级划分见表 2-5,对轻雾并未作分级。

公路交通安全态势评估雾天等级划分　　表 2-5

雾	Ⅰ级	强浓雾,能见度小于或等于 50m
	Ⅱ级	浓雾,能见度大于 50m,小于或等于 100m
	Ⅲ级	大雾,能见度大于 100m,小于或等于 200m
	Ⅳ级	轻雾,能见度大于 200m,小于或等于 500m

1997 年,我国公安部发布了《关于加强低能见度气象条件下高速公路交通管理的通告》,(公交管〔1997〕312 号),车速与车距需按表 2-6 进行管控。

公安部雾天等级划分　　表 2-6

等级	定义	能见度(m)	限速(km/h)	车距(m)
1	无雾	>1000	—	—
2	薄雾	500 ~ 1000	100	>150
3	轻雾	200 ~ 500	80	>150
4	中雾	100 ~ 200	60	>100
5	大雾	50 ~ 100	40	>50
6	浓雾	<50	20	—

可见,我国目前关于雾对交通的影响程度是从能见度角度进行分级,从不同级别对应限制的车速与车距进行管控,以保证交通安全。

2.1.3　路面结冰预警分级

道路结冰是指降水(如雨、雪、冻雨或雾滴等)碰到温度低于 0℃的地面而出现的积雪或结冰现象,通常包括冻结的残雪、凸凹的冰辙、雪融水或其他原因的道路积水在寒冷季节形成的坚硬冰层。

我国目前使用的道路结冰预警信号为 2004 年中国气象局划分的三级,分别以黄色、橙色、红色表示。通过对路表温度与降水的控制,简单推断未来可能结冰的时间,以便公安和交通管理部门制订防控措施。规定若路表温度低于 0℃,且出现降水,则判定可能会出现结冰现象,依颜色分为三级:黄色为未来 12h 可能结冰,橙色为未来 6h 可能结冰,红色为未来 2h 可能结冰或已经出现对交通有很大影响的道路结冰。

以上各种不良天气的路面状态的分类,多依据路面的温度、降水量与能见度进行道路风险的评级。然而交通风险分级的方式多从事故发生可能性的概率与事故造成影响的严重性两个角度考虑,现有的不良天气路面状态分级往往忽视了这一点,只是根据路面的状态进行风险等级的划分,而没有考虑在不同交通量不同车速下所造成的影响后果是不同的,这一点在本书关于全时安全风险运营的论述中着重考虑。

2.2 灾变性天气预测与交通状态监测算法

2.2.1 灾变性天气参数监测算法

2.2.1.1 路面结冰预测算法

路面结冰预测算法采取简单可行的自回归求和移动平均 ARIMA 模型进行预测。路面温度具有长期性和周期性变化的特点,且有一定的时间相关性,以自回归求和移动平均 ARIMAX 模型作为第一种路面温度时间序列预测方法,来描述这一时间序列并预测路面温度;ARMA (p,q)模型包括 p 个自回归项和 q 个移动平均项,用时间序列的过去值及现在值作为输入,预测未来值,而且短期预测精度较高。

在 ARMA(p,q)模型的基础上,根据差分原理引入差分系数 d,形成 ARIMAX(p,d,q)模型,该模型可用下式表示:

$$y_t = c + \phi_1 y_{t-1} + \phi_2 y_{t-2} + \cdots + \phi_p y_{t-p} + e_t - \theta_1 e_{t-1} - \theta_2 e_{t-2} - \cdots - \theta_q e_{t-q} \quad (2\text{-}1)$$

式中: y_t——路面温度时间序列 t 时刻的观测值,为因变量;

y_{t-1}、y_{t-2}、…、y_{t-p}——时序 t 时刻前 p 时刻的观测值,为自变量;

e_t、e_{t-1}、…、e_{t-q}——模型在不同期数的随机误差项;

c、ϕ_1、ϕ_2、…、ϕ_p——待估的自回归参数,表达 y_t依赖于过去的程度。

路面结冰状态预测算法通过露点温度预测、路面温度预测、路面结冰条件判断,实现结冰预测。

(1)露点温度预测。大气温湿度相对于路面温度所呈现的稳定性会高很多,假设在固定交通气象监测站,在未来短时间内(如未来 1h)大气温度以 ±0.2℃为界限波动,相对湿度以 ±5%为界限波动,根据当前时刻采集的大气温湿度值所对应的露点温度作为下一时刻进行判别的露点温度值。

(2)路面温度预测。依据路面温度 ARIMAX 短临预测方法得到未来短时间段内固定交通气象监测站及路段上其他不同位置的路面温度预测值。

(3)路面结冰条件判断。确定了路面结冰的定性参数后,依据潜在路面结冰状态的判断条件,对上述两步预测的路面温度值与大气温度值进行比较。当路面温度高于气温时,路面不结冰。当路面温度低于气温时,通过以下两个条件判断潜在的路面结冰条件:路面温度(T_R)≤0℃,路面温度(T_R)≤露点温度(T_d);再结合预测的路面温度检验分析范围内各处是否符合潜在路面结冰判断条件,找出预测时效内的结冰风险路段,以及可能出现结冰的最早时刻。潜在路面结冰状态判断流程如图 2-1 所示。

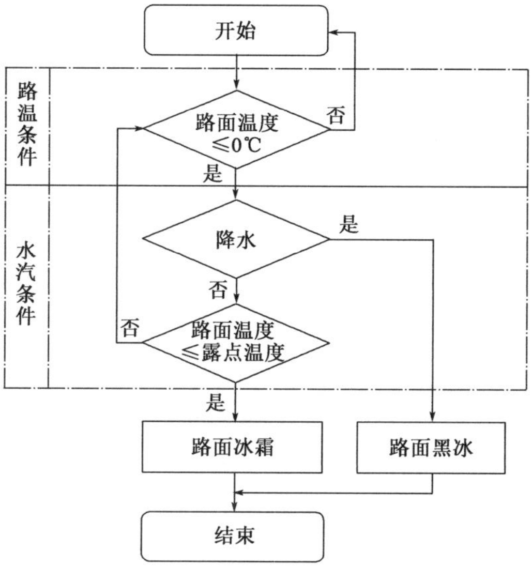

图 2-1　潜在路面结冰状态预测流程

2.2.1.2　大雾及团雾预测算法

大雾及团雾预测算法通过多个相邻摄像头采集的视频数据进行判别，采用图像识别技术，剔除运动目标，保留背景图片；采用高斯模型表征图像中各像素点的特征，根据当前影像与上一帧影像的对比度与模糊度的变化判定是否出现雾。同时，对于相邻摄像头，如果有 4 个以上的相邻摄像头判定有雾，则启动雾预警；如果 2 个以上相邻的摄像头监测到非雾情况，则判定为团雾，只对该区域进行预警。具体步骤如下：

(1)先对摄像头的视频数据进行预处理：对图像数据进行审查校验，删除重复信息，剔除摄像头斑点问题等引起的图像错误，所有图像格式统一为 jpg 格式。

(2)将摄像头采集的视频图像以 5s 步长提取图像，每 5 张图像形成时间序列图像。

(3)对比度识别。利用一系列像素点表示图像，先将图像转化为灰度图，之后计算相邻像素间的像素差，求和之后得到图片的对比度，通过机器学习分类算法对一系列不同时间段产生的雾的图像进行学习，从而确定不同时刻的雾判别的阈值，再与当前时刻图像对比度进行对比，判别是否存在雾。

(4)模糊度识别。通过对各种有无雾图片的模糊度值进行机器学习的训练，确定不同时刻的阈值，如果图片方差低于预先定义的阈值，那么该图片被认为是有雾的；如果图片方差高于阈值，就是无雾的状态。

(5)一个摄像头判读为有雾后，立即启动团雾判断，通过多个相邻摄像头采集的视频数据进行判别，采用图像识别技术剔除运动目标，保留背景图片；采用高斯模型表征图像中各像素点的特征，通过当前影像与上一帧影像的对比度与模糊度的变化判定是否出现雾。具体步骤如下：

①先对摄像头的视频数据进行预处理：对图像数据进行审查校验，删除重复信息，剔除摄

像头斑点问题等引起的图像错误,所有图像格式统一为 jpg 格式。

②将摄像头的视频图像以 5s 步长提取图像,将每五张图像形成时间序列图像。

③背景图像识别。

a. 将时间序列图像的第一帧灰度 f_1 作为初始背景,使用 K 个高斯模型表征本图像各个像素点 $f_1(x,y)$ 的特征。由图像灰度直方图的分布确定每个高斯模型的均值 μ_j 和标准差 σ_j,每个像素点灰度值表示为 K 个高斯分布函数的叠加。

b. 从第二帧图像开始,估计每个像素点是否属于背景。图像第 i 像素点是否属于背景的判断公式如式(2-2)所示:

$$|f_i(x,y)-\mu_j| \leqslant 2.5\sigma_j \tag{2-2}$$

式中:$f_i(x,y)$——图像第 i 像素点的灰度值,$i>1$。

若式(2-2)成立,则该像素点为背景点,否则作为前景点。

c. 利用更新图像中的背景模型权重。背景点 $M_{k,i}=1$,前景点 $M_{k,i}=0$。α 为学习速率,对所有高斯模型进行排序,权重大、标准差小的模型排在前面,K 之后的舍去,依次迭代,对背景点的模型图像进行更新。迭代更新公式如下:

$$\overline{\omega}_{K,i} = (1-\alpha)\overline{\omega}_{K,i-1} + \alpha M_{K,i}$$

式中:$\overline{\omega}_{K,i}$——计算后背景模型权重值;

$\overline{\omega}_{K,i-1}$——计算前背景模型权重值;

$M_{K,i}$——使用 K 个高斯模型表征第 i 帧图像的特征值。

d. 基于背景图像的时间序列图像,将背景图片划分为四个区域,建立四个区域的对比度的时间变化曲线。

④对背景图像时间序列变化规律进行分析,按以下步骤进行:

a. 第 1 时刻图像对比度 X_1,此时刻雾天气开始发生,会造成背景图像中像元值的对比度 X_1 急剧降低。

b. 第 2 时刻图像对比度 X_2,此时刻雾天继续。

c. 第 3 时刻图像对比度 X_3,此时刻雾天加剧,与上一时刻对比度下降幅度超过 300%,即上一时刻与下一时刻对比度差值小于 3 倍本时刻对比度值,如式(2-3)所示,判断为有雾;

$$|X_{1,i} - X_{3,i}| < 3X_{2,i} \tag{2-3}$$

式中:$X_{1,i}$——第 1 时刻图像第 i 点像素的对比度;

$X_{2,i}$——第 2 时刻图像第 i 点像素的对比度;

$X_{3,i}$——第 3 时刻图像第 i 点像素的对比度。

d. 进行模糊度识别,团雾突发时,判断第 2 时刻全图 X_2 是否有 75% 以上区域为模糊区域,如式(2-4)所示。

$$X_2 > 75\% \tag{2-4}$$

通过图像识别建立基于背景图像时间序列的雾预测模型,对每个摄像头传来的实时图像进行判断,同时,对于相邻摄像头,如果有四个以上的相邻摄像头判定有雾,则启动雾预警。如果两个以上相邻的摄像头监测到非雾情况，则判定为团雾，只对该区域进行预警。

依据上述过程，大雾及团雾判别的流程如图 2-2 所示。

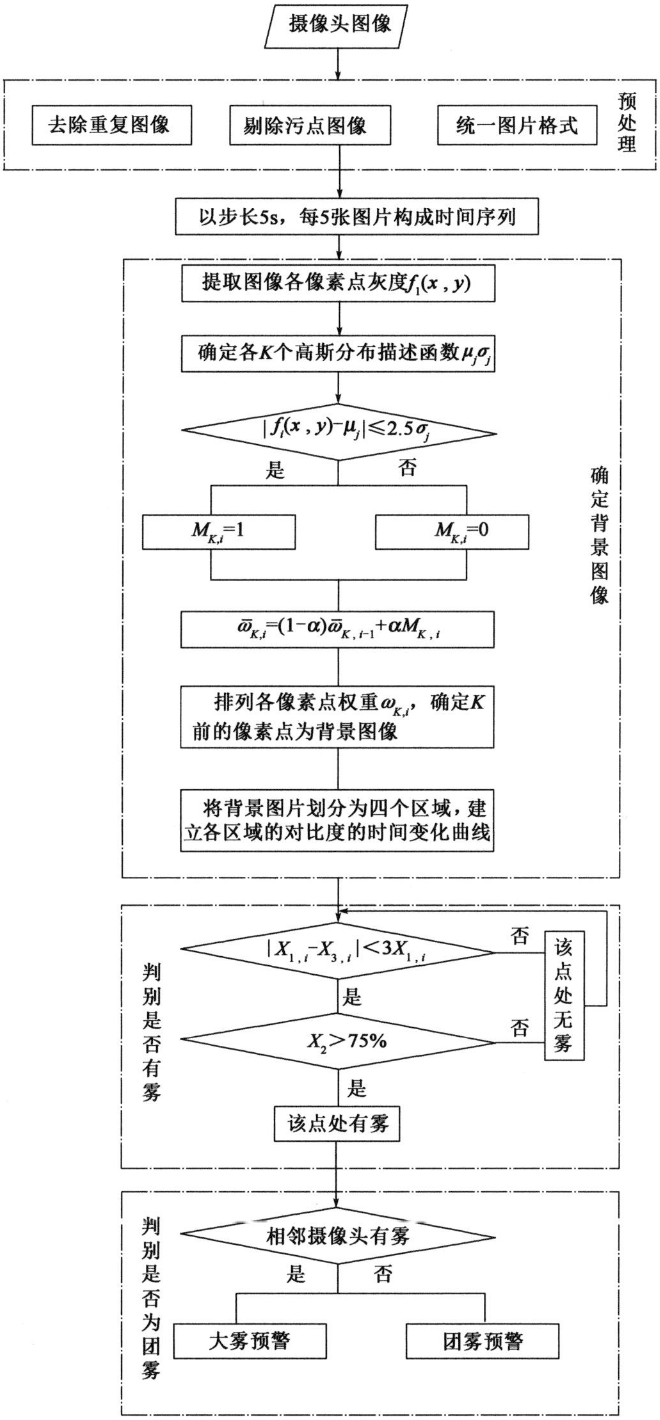

图 2-2　大雾及团雾判别流程

2.2.2 交通运行状态监测算法

2.2.2.1 交通运行数据融合算法

交通运行数据融合包括多传感器采集数据的取舍、补充、修改、分析和决策等,并生成融合计算结果。首先,双目相机和毫米波雷达分别针对观测目标收集数据,通过识别提取算法进行特征提取与模式识别处理,并将目标按类别进行准确关联,应用卡尔曼滤波算法进行最优估计,通过时空匹配算法实现坐标变换,将雷视目标特征融合,发送给云端。交通运行状态数据融合流程如图 2-3 所示。

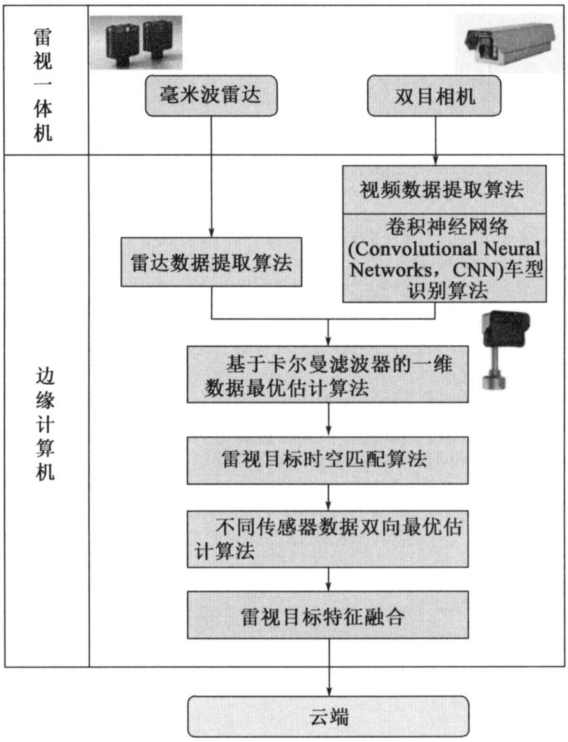

图 2-3 交通运行状态数据融合流程

(1)空间融合。

空间融合将毫米波雷达检测到的空间中任一点,准确地投影至相机所采集的图像平面上。具体步骤如下:

①对双目相机标定,结合相机内部和外部的参数值进行畸变校正,将真实世界坐标系中的点、线、面、体在图片坐标系中进行一一对应。

②结合相机外部参数,将目标点位在像素坐标系中进行还原。

③根据毫米波雷达和相机安装位置的相对关系,计算雷达坐标系与真实世界坐标系之间各点、线、面的转化关系。毫米波雷达坐标系、世界坐标系和相机坐标系之间的相对位置关系如图 2-4 所示。

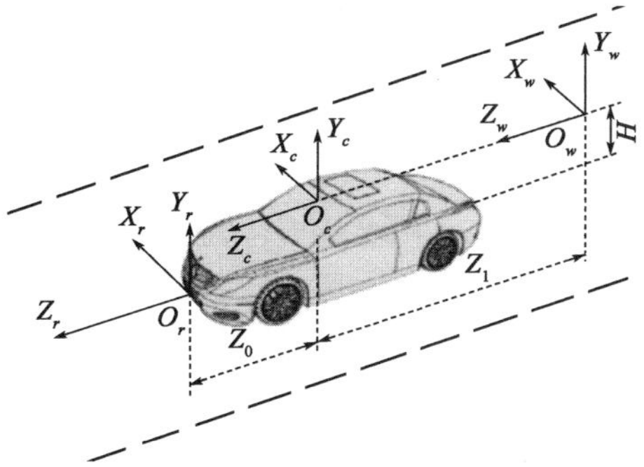

图 2-4　毫米波雷达坐标系、世界坐标系和相机坐标系位置关系

毫米波雷达坐标系为 O_r-$X_rY_rZ_r$，世界坐标系为 O_w-$X_wY_wZ_w$，相机坐标系为 O_c-$X_cY_cZ_c$，这三个坐标系的 YOZ 平面重合，XOY 平面相互平行，世界坐标系与相机坐标系的 XOZ 平面重合且与雷达坐标系的 XOZ 平面平行。Z_0、Z_1 分别为毫米波雷达坐标系与相机坐标系、相机坐标系与世界坐标系在 Z 轴方向的距离，H 为毫米波雷达坐标系与相机坐标系和世界坐标系在 Y 轴方向的距离。

由于毫米波雷达与相机安装位置相对固定，因此可得到毫米波雷达坐标系上一点 $P(R,\alpha)$ 与相机坐标系 $P(X_c,Y_c,Z_c)$ 的转换关系，如式(2-5)所示：

$$\begin{cases} X_c = R \times \sin\alpha \\ Y_c = -H \\ Z_c = Z_0 + R \times \cos\alpha \end{cases} \tag{2-5}$$

式中：X_c——相机坐标系的横轴坐标值；

Y_c——相机坐标系的纵轴坐标值；

Z_c——相机坐标系的竖轴坐标值；

R——从 P 雷达点位到目标的长度；

α——雷达点位极点到目标车辆的角度值；

H——雷达坐标系与相机坐标系和世界坐标系在 Y 轴方向的距离。

改写为矩阵形式为：

$$\begin{bmatrix} X_c \\ Z_c \\ Y_c \\ 1 \end{bmatrix} = \begin{bmatrix} R & 0 & 0 & 0 \\ 0 & 0 & 0 & 0 \\ 0 & 0 & 0 & 0 \\ 0 & R & 0 & 0 \end{bmatrix} \begin{bmatrix} \sin\alpha \\ \cos\alpha \\ 1 \\ 1 \end{bmatrix} + \begin{bmatrix} 0 \\ -H \\ Z_0 \\ 1 \end{bmatrix} \tag{2-6}$$

式中：Z_0、Z_c——毫米波雷达坐标系、相机坐标系在 Z 轴方向的距离。

假设相机模型为理想的线性针孔模型，根据相机坐标系与图像坐标系的转换关系，对竖直方向作均一化处理，令 $Z=1$，可以得到 P 点未进行畸变校正前的图像的平面像素坐标 $P(x,y)$：

$$P(x,y) = Z_c \begin{bmatrix} x \\ y \\ 1 \end{bmatrix} = \begin{bmatrix} f & 0 & 0 & 0 \\ 0 & f & 0 & 0 \\ 0 & 0 & 1 & 0 \end{bmatrix} \begin{bmatrix} X_c \\ Z_c \\ Y_c \\ 1 \end{bmatrix} \tag{2-7}$$

考虑到由于相机镜头畸变影响，相机采集到的图像与真实图像存在偏差，因此需要对图像坐标从径向和切向两个方向进行畸变校正，得到去畸变后的图像坐标 $P(x',y')$：

$$\begin{cases} x' = x + (k_1 x r^2 + k_2 x r^4 + k_3 x r^6) + p_2(2x^2 + r^2) + 2p_1 xy \\ y' = y + (k_1 y r^2 + k_2 y r^4 + k_3 y r^6) + p_1(2y^2 + r^2) + 2p_2 xy \end{cases} \tag{2-8}$$

式中：x、y——原始图像坐标值；

k_1、k_2、k_3——径向畸变的系数；

r——图像数据点到图像中心的距离；

p_1、p_2——切向畸变的系数；

x'、y'——去畸变后的图像坐标值。

得到去畸变后的图像坐标后，通过图像坐标系与相机坐标系的转换关系，令 $Z=1$，得到 P 点在图像中的平面实际像素位置坐标 $P(u',v')$：

$$P(u',v') = \begin{bmatrix} u' \\ v' \\ 1 \end{bmatrix} = \begin{bmatrix} \frac{1}{dx} & 0 & u_0 \\ 0 & \frac{1}{dy} & v_0 \\ 0 & 0 & 1 \end{bmatrix} \begin{bmatrix} x' \\ y' \\ 1 \end{bmatrix} \tag{2-9}$$

式中：dx——一个像素的宽度(x 方向)，与 x 同单位，x/dx 表示 x 轴上有多少个像素；

dy——一个像素的长度(y 方向)，与 y 同单位，y/dy 表示 y 轴上有多少个像素。

得到毫米波雷达探测目标的距离 R 和角度 α 信息后，使用张正友相机标定法，获得相机的焦距、主点坐标、畸变参数等内部参数，然后按照以上方法进行计算，便可得到该目标在图像中的投影坐标，实现毫米波雷达坐标系 $P(R,\alpha)$ 向像素坐标系 $P(u',v')$ 的转换。具体转换算法编程实现如图 2-5 所示。

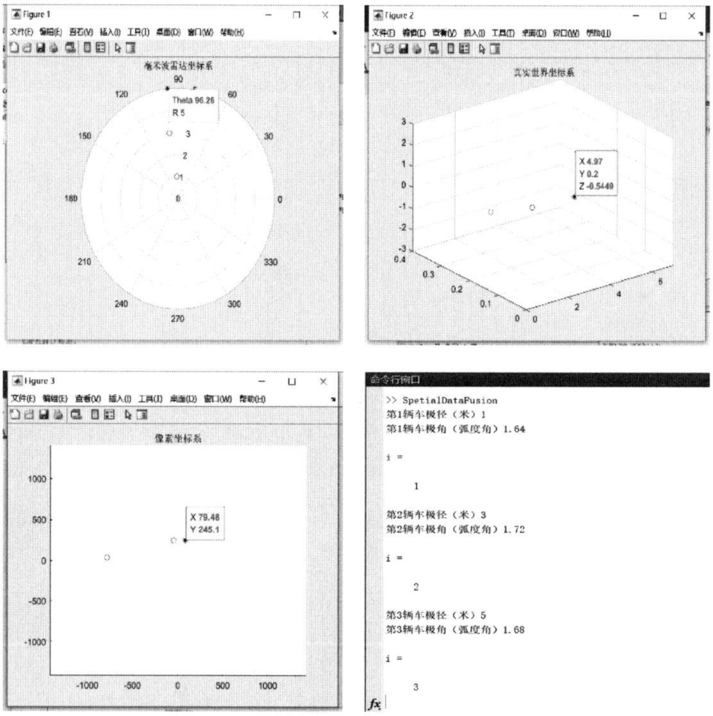

图 2-5　毫米波雷达坐标导向像素坐标系转换算法编程实现

(2)时间融合。

雷达和视觉信息除在空间上需要进行融合,还需要传感器在时间上同步采集数据,实现时间的融合。时间融合采用内插外推法,即用一个传感器适配另一个传感器,根据两个传感器帧上的时间标签,通过时间标签计算出时间差,利用包含运动信息的目标帧与时间差的结合,对帧中的每一个目标的位置进行推算,推断到新的帧时各个目标的位置。这相当于在原有的两帧之间建立新的一帧。时间融合算法示意图如图 2-6 所示。

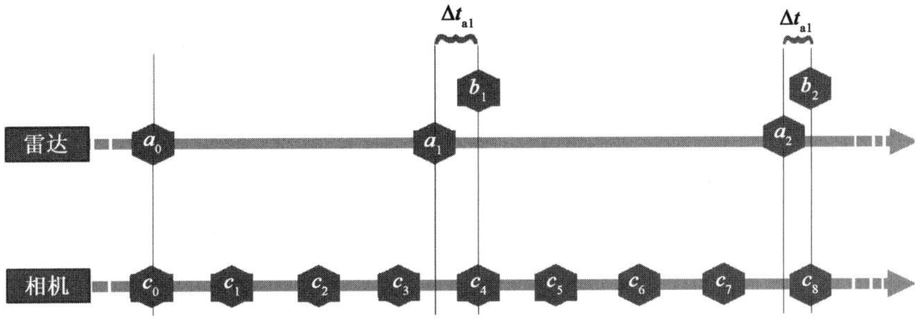

图 2-6　时间融合算法示意图

建立毫米波雷达与相机的时间同步模型,利用雷达数据向相机数据推进,算法过程如下:当收取雷达帧时,进入等待状态,当下一帧图像到来时,记录下它们的时间差,利用雷达帧中的速度信息计算雷达目标在图像帧时刻的位置,可以将这些新时刻的目标认为是新的帧,从而对新的雷达帧与相机帧进行融合,完成异源传感器的时间同步。

具体计算方法如下:

$$Q = \Delta T \cdot \begin{bmatrix} V_{xa1} & 0 & \cdots & 0 \\ \cdots & V_{xa2} & \cdots & 0 \\ \vdots & \vdots & & \vdots \\ 0 & 0 & \cdots & V_{xam} \end{bmatrix} + \begin{bmatrix} X_{a1} & X_{a2} & \cdots & X_{an} \\ X_{a1} & X_{a2} & \cdots & X_{an} \\ \vdots & \vdots & & \vdots \\ X_{a1} & X_{a2} & \cdots & X_{an} \end{bmatrix} \tag{2-10}$$

$$P = \Delta T \cdot \begin{bmatrix} V_{ya1} & 0 & \cdots & 0 \\ \cdots & V_{ya2} & \cdots & 0 \\ \vdots & \vdots & & \vdots \\ 0 & 0 & \cdots & V_{yam} \end{bmatrix} + \begin{bmatrix} Y_{a1} & Y_{a2} & \cdots & Y_{an} \\ Y_{a1} & Y_{a2} & \cdots & Y_{an} \\ \vdots & \vdots & & \vdots \\ Y_{a1} & Y_{a2} & \cdots & Y_{an} \end{bmatrix} \tag{2-11}$$

式中:Q——融合数据帧的横坐标值,$Q = \begin{bmatrix} X_{a1b1} & X_{a2b1} & \cdots & X_{anb1} \\ X_{a1b2} & X_{a2b2} & \cdots & X_{anb2} \\ \vdots & \vdots & & \vdots \\ X_{a1bm} & X_{a2bm} & \cdots & X_{anbm} \end{bmatrix}$;

P——融合数据帧的纵坐标值,$P = \begin{bmatrix} Y_{a1b1} & Y_{a2b1} & \cdots & Y_{anb1} \\ Y_{a1b2} & Y_{a2b2} & \cdots & Y_{anb2} \\ \vdots & \vdots & & \vdots \\ Y_{a1bm} & Y_{a2bm} & \cdots & Y_{anbm} \end{bmatrix}$;

ΔT——相同步的两帧数据时间差，$\Delta T=\begin{bmatrix} T_{b1}-T_{a1} & T_{b1}-T_{a2} & \cdots & T_{b1}-T_{an} \\ T_{b2}-T_{a1} & T_{b2}-T_{a2} & \cdots & T_{b2}-T_{an} \\ \vdots & \vdots & & \vdots \\ T_{bm}-T_{a1} & T_{bm}-T_{a2} & \cdots & T_{bm}-T_{am} \end{bmatrix}$；

X_a*——雷达数据帧的横坐标值，$*=1,2,\cdots,m$；

Y_a*——雷达数据帧的纵坐标值，$*=1,2,\cdots,n$；

$V_{xa}*$——雷达所接收的数据帧的横坐标值；

$V_{ya}*$——雷达所接收的数据帧的纵坐标值。

2.2.2.2 交通状态最优估计算法

交通运行状态最优估计算法根据被测高速公路实际通行能力，利用占有率、交通量与速度之间的联系，对其内在规律进行识别，确认其正常数据所在阈值范围。为使传感器所测量的车辆运行数据更加精确，基于卡尔曼滤波器的最优估计算法，将雷达与视觉相机测量到的车辆横纵向速度、加速度、车头车尾间距等数据进行最优估计，然后把得到的更加精准的交通信息数据生成报表，以在数据融合后实现精度更高的交通运行环境与状态监测，提供可靠性更强的运行风险评估与交通事件预警服务。交通运行状态最优估计算法应用如图2-7所示。

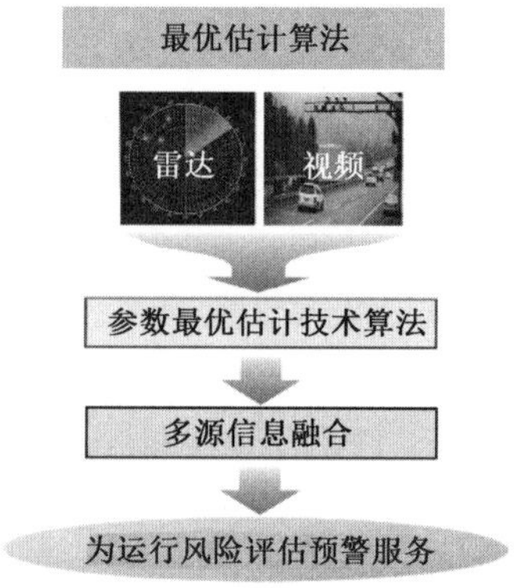

图2-7 交通运行状态最优估计算法应用

在实际交通安全监测系统运行时，对微波雷达与视觉相机采集到的车辆运行数据进行数据预处理，结合历史数据对采集到的数据中的异常值与缺失值进行还原与补齐。然后将预处理后的数据利用卡尔曼滤波生成最优估计值。交通运行状态最优估计算法流程如图2-8所示，其中最优估计值为所生成下一时刻的预测值，根据当前预测误差与测量误差计算卡尔曼增益 K。

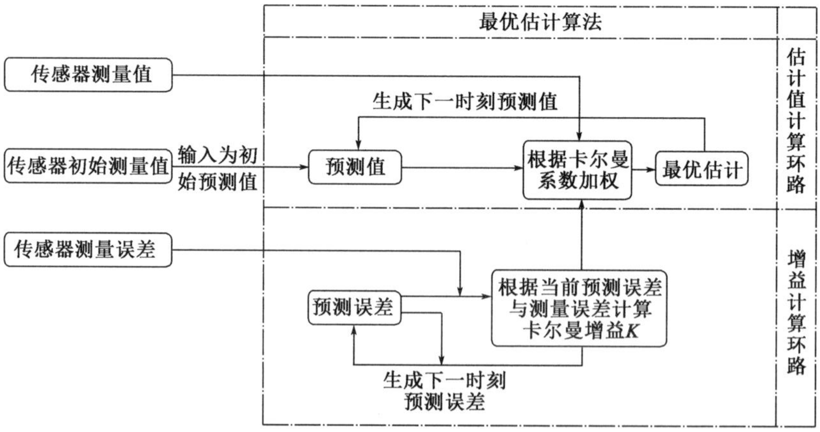

图2-8 交通运行状态最优估计算法流程

在初始时刻 t_0 时，将输入传感器的初始测量值视为初始预测值；将初始预测误差设为习惯值，通过比较测量误差与预测误差可以量化测量值与预测值的可靠程度权重，即为卡尔曼增益 K，根据 K 可对测量值与预测值加权，得到当前时刻的最优估计值。在下一时刻 t_1 时，可通过前一时刻 t_0 输出的最优估计值来生成下一时刻的预测值，并根据 t_0 时预测误差与 K 来得到当前时刻 t_1 的预测误差，然后用与上一时刻相同的方法生成当前时刻的最优估计值。经过优化后稳定输出准确度高的最优估计值。交通运行状态最优估计算法程序运行实例如图 2-9 所示。

图 2-9　交通运行状态最优估计算法程序运行实例

2.2.2.3　交通拥堵预测算法

针对高速公路交通状态具有的模糊性，对交通顺畅程度进行模糊推理，对难以定量区分的连续交通参数进行模糊处理，实现交通状态判别是对高速公路有效的态势评估。其原理是建立交通流参数与交通顺畅程度之间的关系，选取交通流参数为输入量，模糊集用“畅通”“拥挤”“拥堵”作为输出量，来描述和反映交通运行状态。另外，选择隶属函数表征路段行程速度和隶属于模糊集输出量之间的关系。

美国著名教授 L. A. Zadeh 最早提出模糊集合的概念，它是用来表达模糊性概念的集合，是指具有某个模糊概念所描述的属性对象的全体。模糊集合隶属函数 $\mu_A(x)$ 表示如下：

$$\mu_A(x)=\begin{cases}1 & (x\in A)\\(0,1) & (x\in A\text{ 的程度})\\0 & (x\notin A)\end{cases}\tag{2-12}$$

隶属函数可以很好地描述事物的模糊性，其值域为[0,1]，它将普通集合只能取 0、1 两个值，推广到[0,1]闭区间上的连续取值。隶属函数的 $\mu_Q(x)$ 越接近于 1，表示元素 x 属于模糊集合 A 的程度越大；反之，$\mu_A(x)$ 越接近于 0，表示元素 x 属于模糊集合 A 的程度越小。

不同道路状态下的路段平均速度没有明显的界线，因此可以用模糊判别方法进行处理。将不同的道路状态用模糊子集来描述：拥堵、拥挤、畅通。对于某段道路的平均速度可以用隶属函数判断其属于各个模糊子集的隶属度。模糊数学中的隶属函数可以选取各种不同的形状，如三角形、梯形、钟形、S 形等。本书采用梯形隶属函数，如图 2-10 所示。

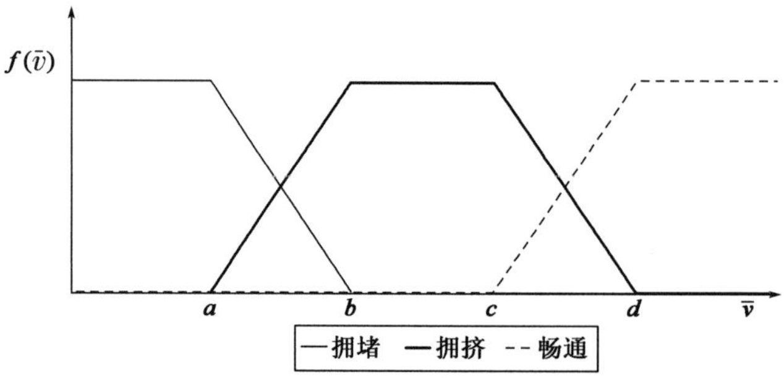

图 2-10 梯形隶属度函数

各等级隶属度函数解析式如下：

$$f_1(\bar{v}) = \begin{cases} 1 & (0 \leqslant \bar{v} \leqslant a) \\ \dfrac{b - \bar{v}}{b - a} & (a < \bar{v} \leqslant b) \\ 0 & (\bar{v} > b) \end{cases} \tag{2-13}$$

$$f_2(\bar{v}) = \begin{cases} 0 & (0 \leqslant \bar{v} \leqslant a) \\ \dfrac{\bar{v} - a}{b - a} & (a < \bar{v} \leqslant b) \\ 1 & (b < \bar{v} \leqslant c) \\ \dfrac{d - \bar{v}}{d - c} & (c < \bar{v} \leqslant d) \\ 0 & (\bar{v} > d) \end{cases} \tag{2-14}$$

$$f_3(\bar{v}) = \begin{cases} 0 & (\bar{v} \leqslant c) \\ \dfrac{\bar{v} - c}{d - c} & (c < \bar{v} \leqslant d) \\ 1 & (\bar{v} > d) \end{cases} \tag{2-15}$$

式中：$f_1(\bar{v})$——评价指标隶属于"拥堵"的隶属函数；

$f_2(\bar{v})$——评价指标隶属于"拥挤"的隶属函数；

$f_3(\bar{v})$——评价指标隶属于"畅通"的隶属函数；

$\bar{v}$——路段的平均行程速度；

a、d——不同道路等级的常规状态指标；

b、c——a、d 分别加减一个确定值∂得到的值，即 $b = a + \partial$，$c = d - \partial$。

将求得的路段平均速度代入式(2-13)~式(2-15)，可以得到路段隶属于各种道路状态的隶属度，从而得到一个评价矩阵 $\boldsymbol{v}$ = [拥堵，拥挤，畅通]。再用最大隶属度法，对评价结果进行处理，最终判定道路当前交通状态。

2.3 交通事件的描述与分类

2.3.1 交通事件描述

交通事件档案信息和事件下的交通流运行数据是进行事件研究的两类关键资料。为了明确交通事件对路网运行状态产生的影响,收集贵州省部分高速公路交通事件档案信息和高德地图全国高速公路实时拥堵数据,进行事件时空占有特征以及事件下的交通流运行特征分析。

交通事件档案信息由高速公路运营管理部门填写,所登记的交通事件来自驾乘人员报警、交警与路政巡查人员通报、视频监控系统告警等。主要内容包括交通事件发生时间、接到报警时间、事件清除时间、事件发生位置、事件类型、伤亡情况、占据车道情况、事件处置过程描述等。全国高速公路实时拥堵数据主要包括拥堵路段位置和方向、拥堵长度以及车速等。

截至2020年,贵州省高速公路里程为7607km,其中双向四车道高速公路7178km。对贵州省路网中心2020年8月1日至2021年7月31日记录的6332条高速公路交通事件信息进行统计,得到事件持续时间频数分布直方图(图2-11),以及事件阻塞车道数频率分布直方图(图2-12)。

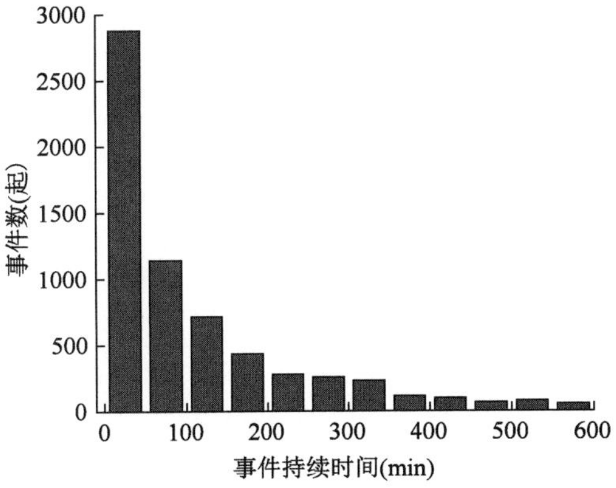

图2-11 事件持续时间频数分布直方图

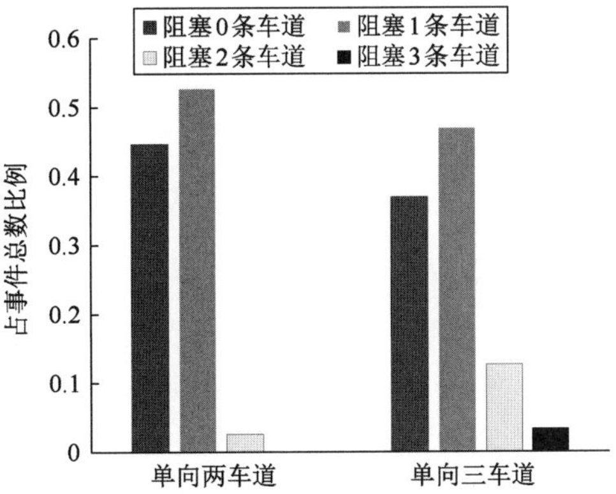

图2-12 事件阻塞车道数频率分布直方图

由图2-11可知,随着事件持续时间的增加,事件数呈指数下降趋势。事件持续时间主要集中在100min以内,其中频数最大值出现在50min以内。由图2-12可知,阻塞车道数为0和1的事件占事件总数的96.67%。事件时空占有特征表明,50%左右的交通事件持续时间小于50min,不阻塞车道,对路网运行状态产生的影响较小。

统计高德地图2022年7月23日全国高速公路拥堵排行榜中前十名的拥堵距离与平均车速,如图2-13所示。对照部分省(自治区、直辖市)高速公路实时监控视频可以发现,产生拥堵的原因有交通事故、恶劣天气、养护施工(图2-14)等。由此可知,当事发路段道路通行能力较低、交通流量较大时,交通事件可能产生较长的拥堵距离,交通事件下的平均交通流速小于20km/h,对路网正常运行产生的影响较大。

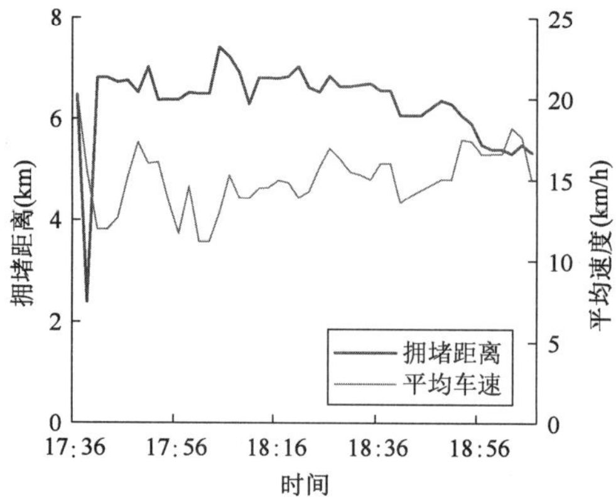

图 2-13　2022 年 7 月 23 日全国高速公路拥堵排行榜前十名的拥堵距离与平均速度

图 2-14　事件详情

可见，交通事件占据车辆通行空间，导致事发路段道路通行能力降低。当上游交通需求大于事发路段通行能力时，形成以事发断面为波源并向上游传播的拥堵排队队列，交通事件空间影响范围进一步扩大。从事件发生至清除的时间为事件持续时长，从事件清除至交通恢复正常通行时间为事件影响消散时长。

受事件影响，车辆通过事发路段的运动状态发生变化，微观车辆驾驶行为经过集聚—传播过程，引起事发路段上下游的交通流量、流速、密度发生变化，由此导致路网运行状态与运行风险发生变化。在事件时空影响范围内形成的安全隐患，是导致事件对路网运行状态与运行安全产生不利影响的源头。根据上述分析，提出交通事件的定义：造成道路通行能力降低、服务水平降低、对交通流正常运行产生影响的事件。

2.3.2　交通事件参数表征

事件持续时长、事件影响消散时长共同构成事件时间占有属性（图 2-15）；事件占用的道路通行空间、拥堵队列长度共同构成事件空间占有属性。时间占有和空间占有属性是交通事件的根本属性。受交通事件影响，车辆通过事发路段的运动状态发生变化，由此导致路网运行风险发生变化。因此，从交通事件的时间占有属性、空间占有属性、事件下的路网运行风险三个角度对交通事件进行参数表征。

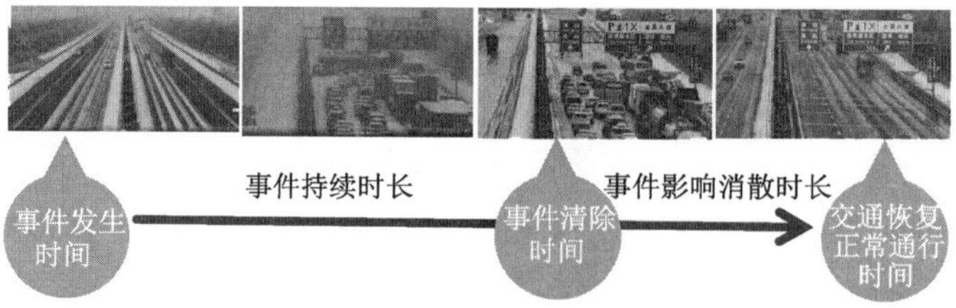

图 2-15　交通事件的时间占有属性

2.3.2.1　时间占有属性

1）交通事件持续时长

交通事件持续时长是指从交通事件发生至事件清除的时间。根据交通事件发生和处理过程,通常将事件持续时长划分为交通事件发现、事件响应、事件清除三个阶段。交通事件持续时长与事件特征和当地交管部门的应急服务水平有关。按照事件特征,可将交通事件划分为点状事件和面状事件。

(1)点状事件。

将交通事件造成断面道路通行能力降低的事件称为点状事件,如车辆故障、交通事故等。对于点状事件,从事件发生至交管部门接到事件报告的时间为事件发现时间。电话报警、高速公路巡逻、查阅监控视频等是发现交通事件的主要途径。事件发现阶段时间与事件管理系统设置有关,一般采用固定值。

从接到事件报告至交管部门到达现场的时间为事件响应时间。事件响应时间与交管部门的应急服务水平、应急力量分布、事发时的路网交通状态、事发位置有关。当交通事件位于或靠近高速公路互通式立交区时,由于事发位置与救援力量的距离相对更近,所以事件响应时间较基本路段的小。

从交管部门到达事故现场至被阻塞车道恢复通行的时间为事件清除时间。事件清除时间主要由事件自身属性决定,例如事件类型、涉及车辆类型和车辆数、事件占据车道数、伤亡情况等。

(2)面状事件。

将交通事件造成路段或局域路网道路通行能力降低的事件称为面状事件,如恶劣天气事件、养护作业施工等。同点状事件相比,面状事件通常为可预测事件,也存在更多的交通管控措施。

2)事件影响消散时长

如果事件持续时长内事发路段道路通行能力小于上游交通需求,则在事发路段形成拥堵排队队列。事件持续时长内累计到达交通量与离开事发断面的交通量的差值即为事件持续时长内滞留的车辆数。当拥堵队列消散完毕时,交通事件对交通运行产生的影响将完全消除。

从事件清除至拥堵队列完全消散的时刻即为交通恢复时长。交通恢复时长与事件持续时长内滞留的车辆数、交通恢复时长内道路通行能力、上游到达交通量有关,可通过排队论模型进行计算。

2.3.2.2　空间占有属性

交通事件空间占有属性具有两个层面的含义:第一,交通事件本身覆盖的空间范围;第二,由交通事件引发的拥堵排队队列长度。按照点状事件和面状事件特征,分别对其各自的空间占有属性进行分析。

(1)对于点状事件:事件自身的影响范围较小,但其所占据车道的通行能力降为零,事发断面通行能力折减值较大,成为路网通行瓶颈。此类事件的空间占有属性主要为拥堵队列的传播范围。

(2)对于面状事件:事件覆盖范围内的路段或区域路网道路通行能力均出现折减,折减值与事件属性有关。通过交通检测,可得到事件特征;结合上游交通需求与事发路段道路通行能力之间的关系,可计算得到此类事件的空间占有属性。

2.3.2.3 事件下的路网运行风险

对宏观路网运行风险的监测主要有三种途径:第一,建立路网运行风险与交通流参数之间的关系模型;第二,建立路网运行风险与交通事故之间的关系模型;第三,由所有车辆的行车风险,集计得到路网运行风险。建立路网运行风险与行车风险之间的关系模型,可以揭示路网运行风险发生机理,为建立路网运行风险传播阻断方案提供最根本的遵循。

车辆及车辆间的相对运动状态可以反映行车风险,风险判别指标是进行行车风险监测的依据。车辆间事故是我国交通事故的主要形态,通常根据车辆的相对运动状态进行行车风险计算,如通过距离碰撞时间(TTC)对跟驰车辆的追尾碰撞风险进行计算,通过后侵入时间(PET)对换道车辆的行车风险进行计算。

通过对区域路网内所有车辆行车风险的计算,经过加权求和等方式,逐步得到不同空间尺度的交通运行风险。具体计算方法见第7章内容。

2.3.3 交通事件分类

从交通事件的时空占有属性、事件下的交通流运行状态等角度,提出交通事件的分类指标和各指标的分级方法。高速公路交通事件分类指标及指标分级结果见表2-7。

高速公路交通事件分类指标及指标分级结果 表2-7

分类指标	指标分级			
	四级	三级	二级	一级
时间(t)占有属性	$0<t\leqslant 30\text{min}$	$30\text{min}<t\leqslant 2\text{h}$	$2\text{h}<t\leqslant 5\text{h}$	$5\text{h}<t$
空间占有属性	不阻塞车道	当前路段	所在2×2路网①	所在3×3路网②
平均交通流速	$v\geqslant 60\text{km/h}$	$40\text{km/h}\leqslant v<60\text{km/h}$	$20\text{km/h}\leqslant v<40\text{km/h}$	$v\leqslant 20\text{km/h}$

注:①2×2路网是指由4个枢纽立交围合的区域路路网,交通事件发生在此区域路网内。
②3×3路网是指由9个枢纽立交围合的区域路网,交通事件发生在此区域路网内。

根据交通事件对交通运行状态产生的影响,将其划分为轻微事件、一般事件、重大事件、特别重大事件四类。高速公路交通事件分类标准见表2-8。

高速公路交通事件分类标准 表2-8

类别	轻微事件	一般事件	重大事件	特别重大事件
定义	平均交通流速为四级,其他指标不限	空间占有属性为三级,平均交通流速为三级及以下,时间占有属性不限	空间占有属性为二级,平均交通流速为三级及以下,时间占有属性不限	空间占有属性为一级,平均交通流速为三级及以下,时间占有属性不限

2.4 交通事件自动检测方法

交通事件发生后,事发断面道路通行能力降低。当剩余道路通行能力小于上游交通需求时,将形成以事发断面为波源并向上游传播的集结波,导致事发断面上下游交通流运行状态发生变化。由于互相关系数可用于分析2组信号在不同相位条件下的相似程度,将高速公路上下游两个交通观测设施所采集到的信息等价于离散时间信号,通过计算2组信号之间的互相关系数分析交通运行状态变化,实现对交通事件的自动检测。

2.4.1　事发路段上下游交通运行参数变化

为了获取事件引起的交通运行参数变化,需要对路网进行长时间的交通观测。利用高速公路沿线视频监控设施进行交通调查,由图像处理技术得到车辆轨迹数据,通过数据处理获取事件下的交通流参数信息。首先根据交通事件档案信息,统计各起事件的时空占有属性信息;其次,下载事件时空影响范围内,事发路段上下游的交通监控视频,利用图像处理技术提取每辆车的行驶轨迹;最后,根据车辆轨迹数据集计得到宏观交通流参数。以下通过一起实际案例对事发路段上下游交通运行参数变化进行分析。

2020年12月13日8:00—12:00,受降雪和低能见度天气影响,青银高速公路青岛方向K249+980附近连续发生多起交通事故,事故车辆占据通行车道,产生拥堵排队。事故断面及监控设施设置位置关系如图2-16所示。

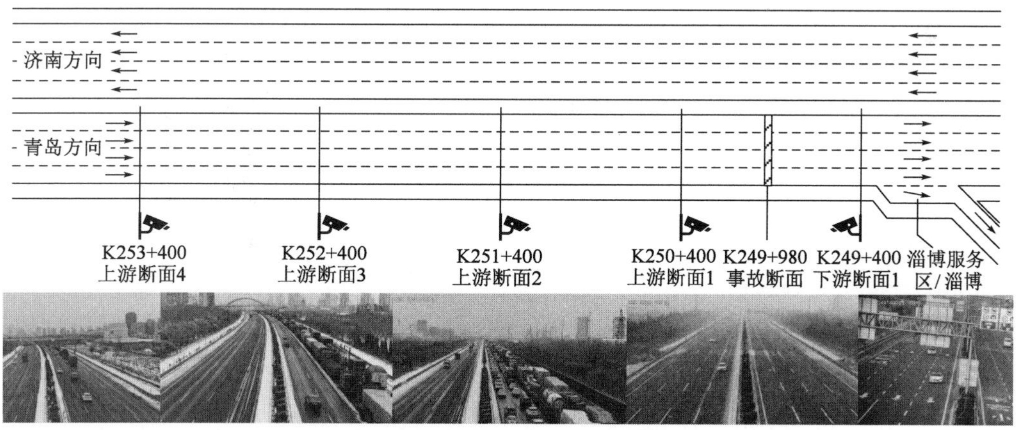

图2-16　青银高速公路事故断面与监控设施空间分布

下载事故断面上下游5处监控设施当天8:00—12:00之间的视频图像,通过图像处理技术,提取各车的行驶轨迹,将每一辆车的运动状态处理成包含时间、帧数、坐标、速度、行驶方向以及车辆类型等的属性信息,视频提取过程如图2-17所示。

图2-17　视频提取过程

根据多车道高速公路分车道分车型限速通行的规则,对事发路段上下游5个交通调查断面内侧两车道和外侧两车道的交通流速、流率、时间占有率等交通流参数随时间的变化分别进行统计,结果如图2-18所示。

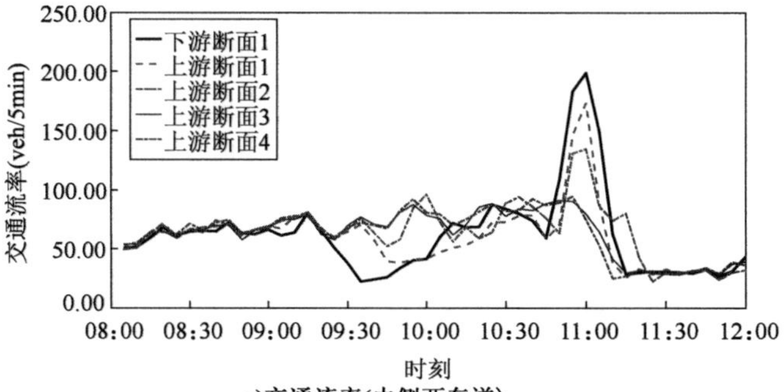

a)交通流率(内侧两车道)

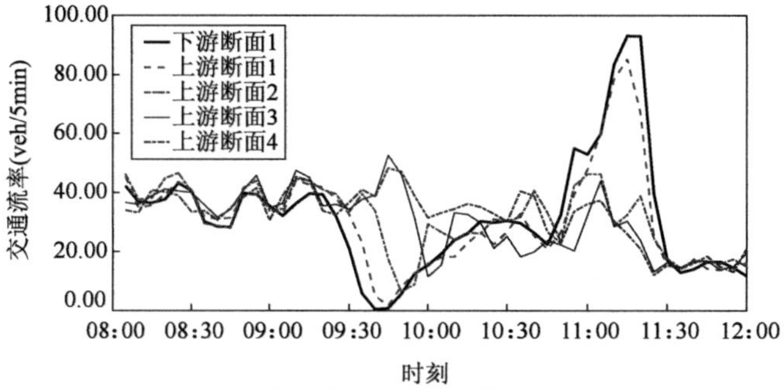

b)交通流率(外侧两车道)

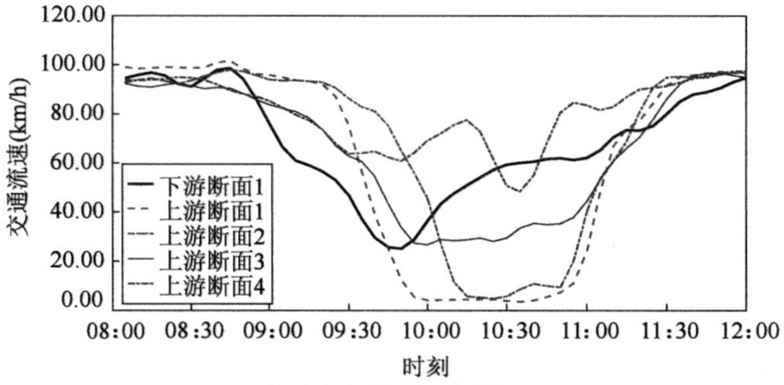

c)交通流速(内侧两车道)

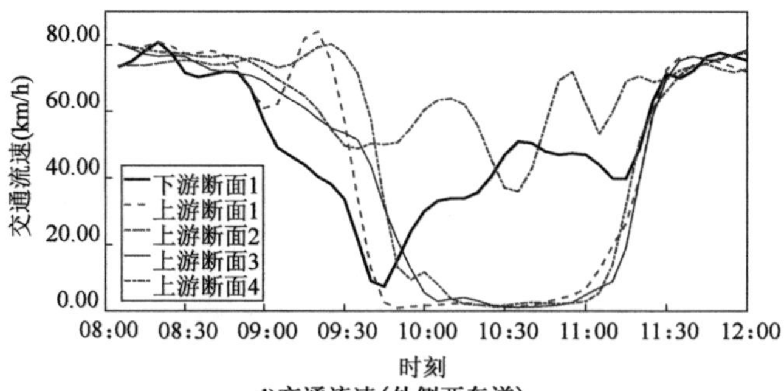

d)交通流速(外侧两车道)

图 2-18

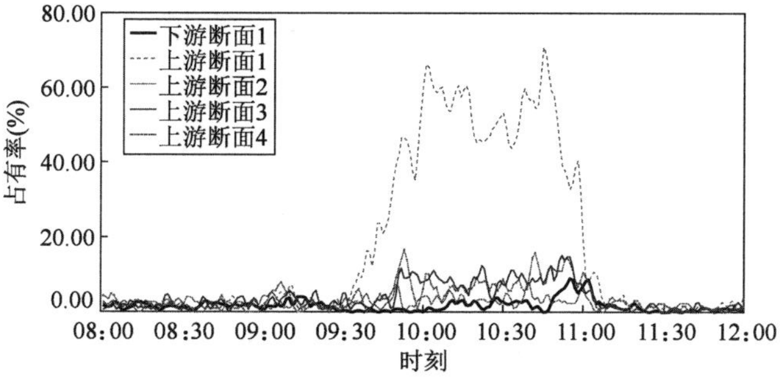

e)时间占有率(内侧两车道)

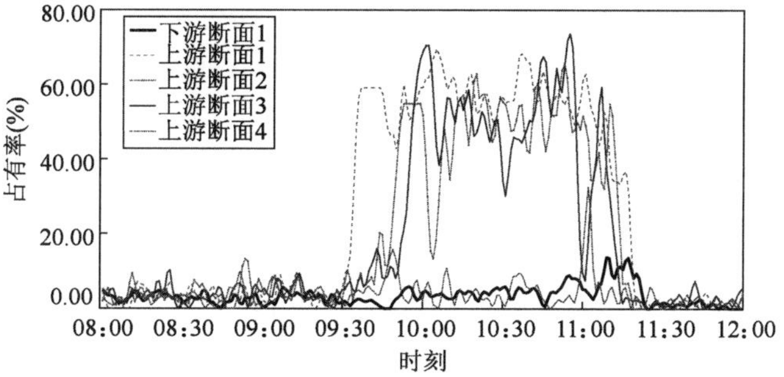

f)时间占有率(外侧两车道)

图 2-18　事件下的交通流运行参数变化(2020 年 12 月 13 日)

事发路段上下游不同检测断面交通流参数变化特征表明,正常运营与事件影响下的交通流参数、事发路段不同交通流参数、不同车道的同一交通流参数,具有不同的变化特征。

(1)在事件时空影响范围内,同正常运营条件下的断面交通流参数相比,交通事件导致交通流率、交通流速、时间占有率均发生明显变化,但不同交通流参数的变化幅度和持续时间不同。这也是可以利用不同交通调查断面交通流参数的互相关性进行交通事件检测的根本原因。

(2)宏观断面交通流数据是一定时段内,通过某一道路断面车辆运动状态的累积结果。由于断面交通流率和时间占有率的变化与事发路段剩余道路通行能力和上游交通需求有关,在事件发生至稳定的拥堵队列形成之前或在事件影响消散时长内,其变化趋势并不明显,所以断面交通流率和时间占有率的变化时长小于事件的时间占有属性。而事件发生后,通过事发路段的车辆运行速度迅速降低,交通流速也随之发生变化,所以交通流速更能直观反映行车环境的变化。

(3)由于多车道高速公路分车道分车型行驶的特点,所以应采用交通流速对交通状态进行分车道判别。

综上可知,可采用不同车道、不同交通调查断面交通流速的互相关系数进行交通事件自动检测。

2.4.2 交通事件自动检测的算法原理与判别指标

2.4.2.1 算法原理

在交通事件时空影响范围内,车辆通过事发路段时的运动状态发生变化,导致事发路段不同交通调查断面交通流参数存在差异。根据不同断面交通流参数的互相关系数进行交通事件检测,是最常用的事件检测方法。根据典型事件下的交通流参数变化特征分析结果,选择不同车道、不同交通调查断面交通流速的互相关系数进行交通事件检测。

各断面交通流速是一组随机变量时间序列,当自变量为时间 t 时,可将其处理成离散时间信号(将时间序列进行等距划分,各时段结束时的信号值为该时段内断面交通流速的平均值)。为了研究两个交通调查断面在任意两个时刻交通流速的相关程度,引入协方差与相关系数的概念,其中相关系数按式(2-16)进行计算。

$$\rho_{XY}(\tau) = \frac{C_{XY}(t,t+\tau)}{\sigma_X\sigma_Y} \tag{2-16}$$

式中:$\rho_{XY}(\tau)$——两个交通调查断面,在任意时间间隔(相位差)为 τ 时的交通流速信号之间的互相关系数,是两个信号的协方差 $C_{XY}(t,t+\tau)$ 与标准差乘积 $\sigma_X\sigma_Y$ 的商;协方差的计算方法见式(2-17)。

$$C_{XY}(t,t+\tau) = E\{[X(t)-E(X(t))][Y(t+\tau)-E(Y(t+\tau))]\} = R_{XY}(\tau)-\mu_X\mu_Y \tag{2-17}$$

式中:$R_{XY}(\tau)$——两个交通调查断面交通流速信号的互相关函数,计算方法见式(2-18)。

$$R_{XY}(\tau) = E[X(t)Y(t+\tau)] = \frac{1}{N}\sum_{t=0}^{N-1}[x(t)y(t+\tau)] \quad (\tau = 0,1,2,\cdots) \tag{2-18}$$

式中:N——离散时间信号长度。

μ_X、μ_Y——各交通调查断面交通流速时间序列的均值,计算方法见式(2-19)。

$$\mu_X = \frac{1}{N}\sum_{t=0}^{N-1}x_t,\mu_Y = \frac{1}{N}\sum_{t=0}^{N-1}y_t \tag{2-19}$$

σ_X、σ_Y——各交通调查断面交通流速时间序列的标准差,计算方法见式(2-20)。

$$\sigma_X = \sqrt{\frac{1}{N}\sum_{t=0}^{N-1}(x_t-\mu_X)^2},\sigma_Y = \sqrt{\frac{1}{N}\sum_{t=0}^{N-1}(y_t-\mu_Y)^2} \tag{2-20}$$

互相关系数 ρ_{xy} 是一个取值于 $-1\sim1$ 的时间序列,它表示 2 个相位差为 τ 的信号之间的相关性,$\rho_{xy}(\tau)$ 的绝对值越接近于 1,表示两个信号之间的相关性越大。

2.4.2.2 交通事件自动检测的判别指标

1)仿真实验设计

设置总长 12km、车道宽度 3.75m 的单向四车道高速公路交通系统。按照青银高速公路交通观测资料进行交通流参数标定,其中交通流量为 1200veh/h,小客车、大客车、货车的自然车比例为 14:1:12。小客车的期望车速为 120km/h,大客车和货车的期望车速为 100km/h。采用 Wiedemann99 模型对车辆运动状态进行控制,通过青银高速公路实测数据对仿真实验交通流参数进行标定。

在 11km 断面的外侧两车道各设置一个信号灯，用于控制车道的关闭和开启，实现对交通事件的模拟。仿真时长共 23400s，在第 1800s 时开始实验，设定交通事件发生时间为 16200s，事件持续时间分别为 3600s、2400s、1800s。实验过程中，分别控制信号灯在 16200s 时变红，在 19800s、18600s、18000s 时变绿。此外，设置一组信号全程开放的实验作为对照实验，代表各车道均保持正常通行状态。

在 K10 + 500 和 K11 + 500 处设置两个交通调查断面，输出各交通调查断面不同车型的交通流速。当交通事件造成部分车道封闭时，被封闭车道上游的车辆将通过换道驶入开放车道行驶，导致事件状态下各交通调查断面不同车道的交通流速具有统一性。此时，进行分车道交通流速检测的意义不大。因此，选择计算当前时刻前 60s 内，通过各交通调查断面所有车辆速度的平均值，代表该断面的交通流速，并以 s 为单位进行顺序更新。事件持续时间为 1800s 的仿真实验场景，如图 2-19 所示。

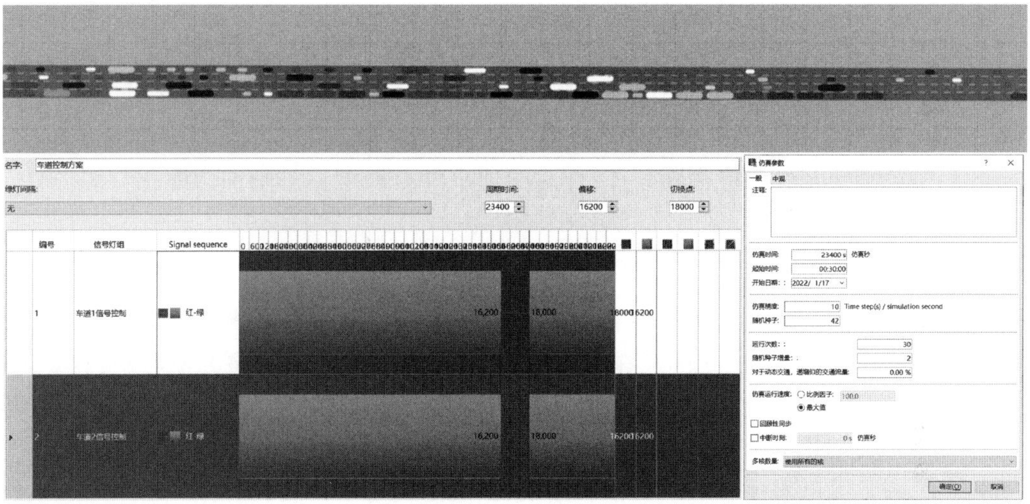

图 2-19　交通仿真实验场景及参数设置

2）交通事件检测指标

以 s 为单位，输出当前时刻前 60s 各交通调查断面所有车辆速度的平均值，构成断面交通流速离散时间序列，其中信号长度 N 为 2h，即各时间序列均包含当前时刻及其前 7199s 的 7200 个断面交通流速样本值。根据式(2-16)和式(2-17)，分别计算各时刻随机变量时间序列的均值和方差。

以当前时刻 K11 + 500 交通调查断面的交通流速信号时间序列为基准，按照式(2-15)依次计算两个交通调查断面交通流速信号的相位差分别为 0，1，2，…，3600s 时，信号互相关函数 R 随相位差 τ 的变化。按照式(2-13)对两个信号的互相关系数进行计算，得到当前时刻两个交通流速信号互相关系数 F 随相位差 τ 的变化。绘制事件持续时间分别为 3600s、2400s、1800s 和 0s 时信号互相关系数发展图，如图 2-20 所示。

采用时间序列持续更新的方式，输出交通流速信号最大互相关系数 F 以及对应的信号相位差 τ，得到交通流速时间序列相位差扰动发展图，如图 2-21 所示。

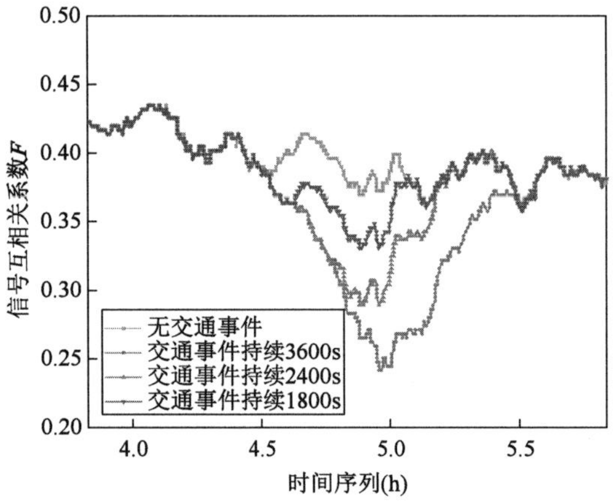

图 2-20　交通流速时间序列信号互相关系数发展图

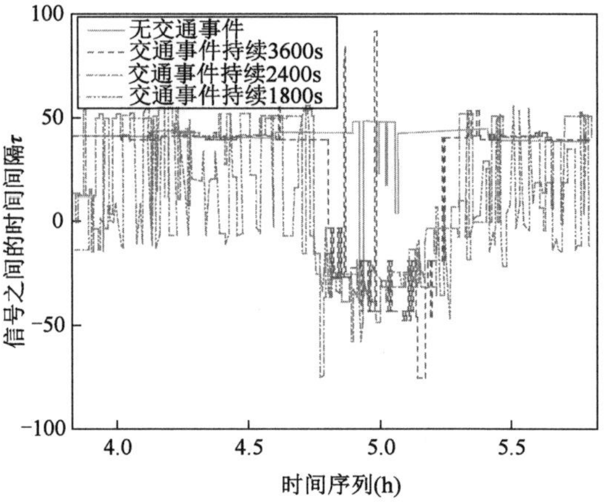

图 2-21　交通流速时间序列相位差扰动发展图

相关性发展图代表两个时间序列信号互相关系数最大值随时间的波动情况,扰动发展图代表两个时间序列信号互相关系数最大值对应的相位差随时间的波动情况。发生交通事件后,两个随机变量时间序列的相关程度迅速下降,最大互相关系数对应的相位差也发生扰动,并且事件持续时间越久,信号互相关系数下降程度越大。因此,可以选择不同检测断面交通流速信号的互相关系数及其对应的相位差,作为交通事件自动检测的判别指标。

2.4.3　交通事件自动检测方法

评判事件检测算法性能的指标包括交通事件检测率(DR)、误报率(FAR)和平均检测时间(MTTD)等。三个评价指标之间存在着相互制约的关系,若获得较高的检测率,则必定导致较高的误报率;在降低误报率的同时,也必然会相应地降低检测率;若获得较短的平均检测时间,则误报率相对较高。

对处于三级及以下服务水平的高饱和路段,当发生交通事件时,极易引发堵车或连环相撞事故,因此应选择较高的检测率,缩短事件的平均检测时间;对处于三级以上服务水平的低饱和交通流路段,可选择较低的检测率,以提高检测结果的准确性。按照(0,750]、(750,1650]、(1650,∞][pcu(h·ln)]将路段交通流划分为低饱和、中饱和、高饱和三类。在高饱和交通环境下设定较高的检测率,低饱和交通环境下选取相对较低的检测率。

根据式(2-13)和式(2-15),计算两个交通调查断面交通流速信号时间序列的最大互相关系数 F 以及对应的信号相位差 τ 随时间的变化。如果某个时刻,两个交通调查断面交通流速信号最大互相关系数以及最大互相关系数对应的相位差,小于相应饱和度下的事件判别指标阈值,可判定交通事件发生。当交通调查断面间隔为 1km 时,低、中、高三种饱和度下的信号互相关系数和相位差判别指标阈值分别为 0.36 和 0、0.57 和 −10、0.68 和 −22。

综上,建立交通事件自动检测方法:

(1)根据事发路段交通饱和度和两个检测断面之间的距离,确定断面交通流速信号互相关系数以及信号相位差所对应的事件判别指标阈值。由于不同路段交通环境不同,此阈值应根据该路段历史交通和事件检测数据进行参数标定。

(2)计算当前时刻前 60s 各检测断面所有车辆速度的平均值,并以 s 为单位进行顺序更新,作为断面交通流速离散时间信号。各检测断面交通流速随机变量时间序列共包含 7200 个样本,以此计算各时间序列的均值 μ 和方差 σ。

(3)以当前时刻下游检测断面交通流速 $y(t)$ 的取值为基准,计算两个检测断面交通流速时间序列在相位差为 $\tau(0,1,2,3,\cdots,3600\text{s})$ 时的互相关函数 R,对其标准化得到互相关系数 F 随相位差 τ 的变化,依次输出两个检测断面交通流速信号最大互相关系数 F 以及最大互相关系数对应的相位差 τ 随时间的变化。

(4)对于计算所得的两个检测断面交通流速信号最大互相关系数 F 以及最大互相关系数对应的相位差 τ 时间序列,根据(1)中确定的指标阈值进行事件检测;当两个指标值中有一项小于事件判别指标阈值时,判定事件发生。交通事件自动算法流程如图 2-22 所示。

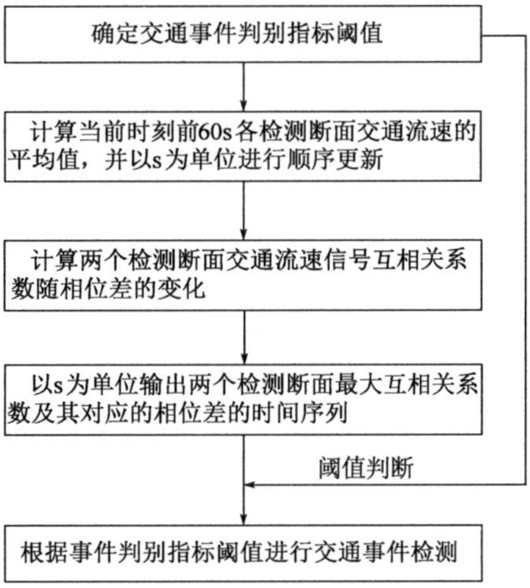

图 2-22　交通事件自动检测算法流程

以本节典型事件下的交通流参数调查结果为例,事发路段交通流量处于 0 ~ 750pcu/(h · ln)之间,所以两个检测断面交通流速信号互相关系数和相位差的判别指标阈值分别为 0.36 和 0。编号为下游交通断面 1 和上游断面 1 的交通调查断面,在 9:23 交通流速信号互相关系数和相位差的计算结果小于交通事件检测指标阈值,表明此时交通事件发生。由于拥堵波传播的时间消耗,通过其他断面进行交通事件检测的检出时间晚于由上、下游断面 1 得到的事件发生时间。

2.5　本章小结

本章分析了灾变性天气包括雨天、雪天、雾天以及道路结冰等几种情况,给出了不同级别下车辆运行速度以及车辆间距离;提出了针对灾变性天气参数的监测算法,包括路面结冰预警算法和大雾及团雾预测算法;提出了交通运行状态监测算法,包括数据融合算法、最优估计算法以及交通拥堵预测算法。

对交通事件的时空占有属性以及事件对车辆行驶的影响进行了分析,提出了交通事件的定义及参数表征方法。将各交通调查断面交通流参数转化为离散的随机变量时间序列信号,根据典型事件下事发路段上下游交通流参数变化特征,提出利用相邻检测断面交通流速离散时间信号互相关系数和相位差进行交通事件检测的方法。

第3章

交通运行风险分析及风险传播预测

由高速公路交通运行状态感知结果,可快速获取车辆运动状态、交通流参数等信息。面向风险监测与管控的应用需要,首先将高速公路划分为区域路网、路段、管控单元等不同的研究对象,并建立各研究对象的定义和属性矩阵表示方法。其次,通过建立行车风险监测方法,对所有车辆的行车风险进行辨识,以行车风险监测结果为基础,通过逐层集计依次建立不同研究对象运行风险的监测方法。最后,根据交通运行风险监测结果所构成的时间序列,以及风险在路段内的传播,建立不同研究对象运行风险的预测方法,由此形成高速公路运行风险诊断方法。

3.1 高速公路管控单元划分

为了预防交通事故的发生,控制风险的传播、促进风险的消散,需要对高速公路进行风险管控单元划分。高速公路是通过路段串联接续、并联交叉组成的网状结构物。受交通管理与控制设施功能影响,不同路段以及不同车道处的交通流运行特征不同,据此可将路段细分为不同的管控单元,由此形成由车辆到管控单元,由管控单元到路段,由路段到路网的不同尺度风险管控对象。明确高速公路网、路段、管控单元的研究范围和属性特征,是进行高速公路交通运行风险监测、预测以及风险管控的物理前提。

3.1.1 路网的定义和研究范围

进行高速公路网运行风险监测的目的,是根据风险监测结果判断路网安全状态,为确定并发布风险管控方案、提高路网运行安全水平提供决策依据。

3.1.1.1 路网的定义和研究范围

为了便于对高速公路网运行风险进行监测和管控,首先需要对路网范围进行界定。本书中的高速公路指:①包含主线,枢纽互通式立交全部,一般互通式立交的主线、连接部和匝道,服务区、停车区的连接部和匝道;②不包含高速公路收费站广场、服务区、停车区;③不包含其他等级道路。

过大的路网范围不利于进行交通运行风险监测和管控,因此,将高速公路网划分为不同的子区域,并将其定义为区域路网。区域路网范围可根据路网结构、行政区划、交通运行特征等进行划分,也可由任意几条相邻和相交的高速公路组成。以路网组成单元为风险监测单位,根据风险监测结果灵活确定风险管控范围,具有更强的可操作性。

在高速公路网中,一般互通式立交是为地方交通提供接入和交通转换功能的互通式立体交叉;枢纽互通式立交是为高速公路之间提供连续、快速交通转换功能的互通式立体交叉。通过枢纽互通式立交可进行长距离大范围的交通组织,因此,枢纽互通式立交应作为区域路网的边界节点。

根据路段交通组成,将包含各路段车辆通行路径的、上游第二个枢纽互通式立交合流渐变段终点下游300m作为区域路网起点,路段下游第一个枢纽互通式立交出口预告标志作为区域路网终点。根据路段上游枢纽互通式立交形式,一个区域路网可能包含五个枢纽互通,也可能包含四个枢纽互通,如图3-1所示。

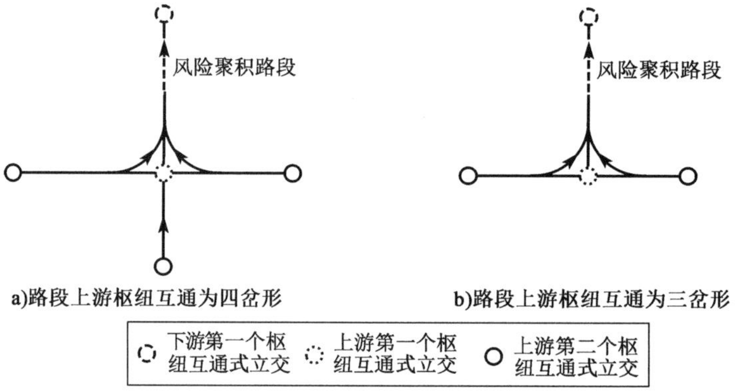

图3-1　用于风险监测与管控的单层结构高速公路网

图3-1中的圆圈代表枢纽互通式立交节点,箭头代表行车方向,其中风险聚积路段代表交通运行风险的触发位置。

据此,将由于高速公路某位置处的交通运行风险被触发,可能导致上游相邻路段或相交道路运行风险发生变化的,以枢纽互通式立交节点为边界点,由枢纽互通式立交、一般互通式立交以及路段组成的高速公路基本单元定义为区域路网。风险路段上游枢纽互通式立交的形式决定了风险路段的交通组成,也意味着可用于风险管控的范围。

当高速公路某车道或某路段的运行风险被触发,可能导致上游相交道路或更大范围路网的运行风险发生变化时,此时应在两层甚至多层结构的区域路网范围内进行风险监测与风险管控。两层结构的高速公路区域网基本图式如图3-2所示。

由于不同高速公路区域路网在不同时刻的交通流参数不同,其运行风险也不相同。进行高速公路网运行风险计算时,主要以某位置交通运行风险被触发、需要进行单层结构的路网运行风险监测和管控为基本假设,并根据风险监测结果,动态确定和调整风险管控与风险监测的范围,如图3-3所示。

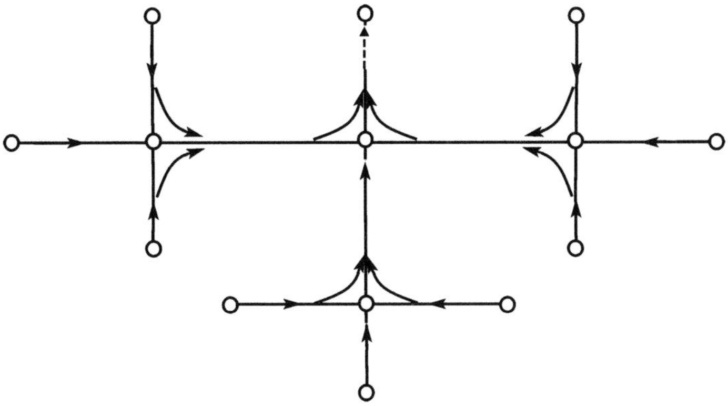

图 3-2 用于风险监测与管控的两层结构高速公路网

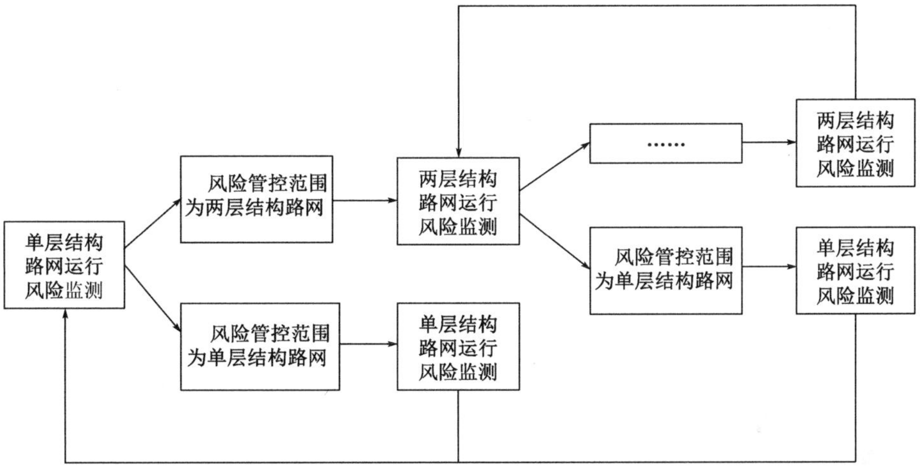

图 3-3 风险监测与管控范围的动态迭代过程

当计算结果表明图 3-1 中的路网运行风险小于 a 时,应采取常态化的风险管控措施;当计算结果表明路网运行风险属于$[a,b)$范围内时,应对单层结构的路网运行风险进行管控;当计算结果表明路网运行风险大于或等于 b 时,应对图 3-2 所示的两层结构路网运行风险进行管控。这是按照风险等级进行风险分级管理的基本思路。

3.1.1.2 路网拓扑结构

高速公路网是由互通式立交节点和基本路段通过一定拓扑关系构成的,具有明显网络性和方向性的空间结构物。因此,可采用有向网络图模型建立高速公路网的数学模型。

根据车辆在互通式立交区的行驶路径,将一般互通式立交节点及其拓扑结构表示为图 3-4,将枢纽互通式立交节点及其拓扑结构表示为图 3-5。图 3-4 和图 3-5 中带箭头的线段为有向线段,箭头方向表示车辆行驶方向。由于互通式立交的主要功能为快速进行交通转换,因此可在互通式立交分合流区对流入和流出主线的交通流进行诱导和管控。

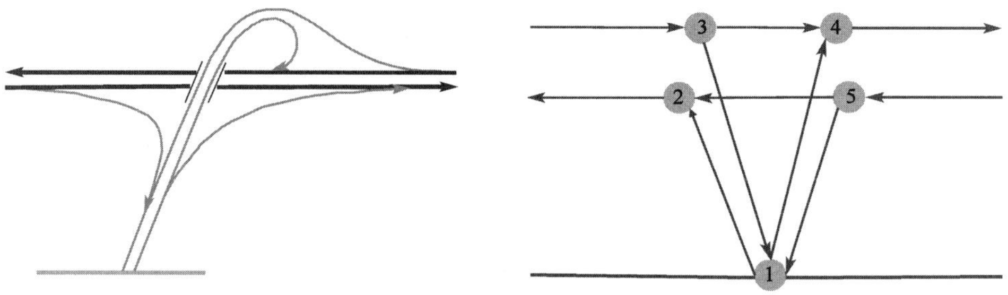

a)A型三岔喇叭形互通式立体交叉　　b)一般互通式立体交叉车辆行驶路径划分

图 3-4　一般互通式立交及其拓扑结构图

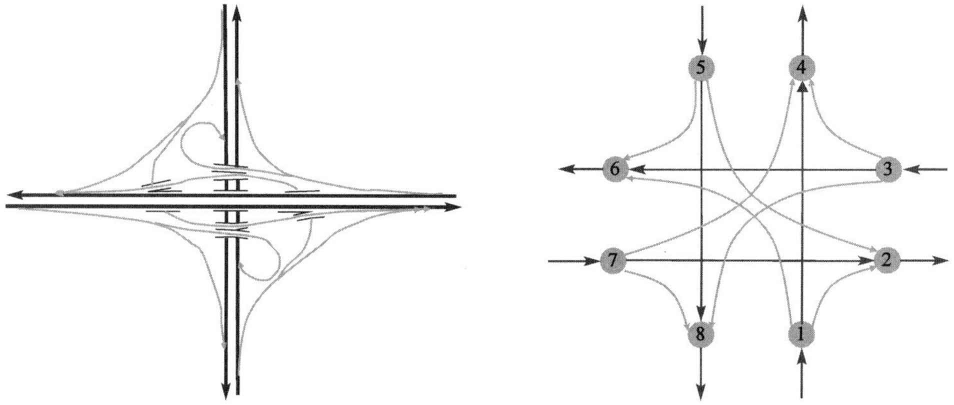

a)对角象限双环式苜蓿叶形互通式立体交叉　　b)枢纽互通式立体交叉车辆行驶路径划分

图 3-5　枢纽互通式立交及其拓扑结构图

根据风险路段上游枢纽互通式立交形式,单层结构的路网运行风险管控范围如图 3-6 中的虚线所示。当需要对单层结构的路网运行风险进行管控时,可通过在图 3-6 中虚线路径范围内的可变信息标志、动态限速标志、车道指示标志等交通工程设施发布风险管控方案。

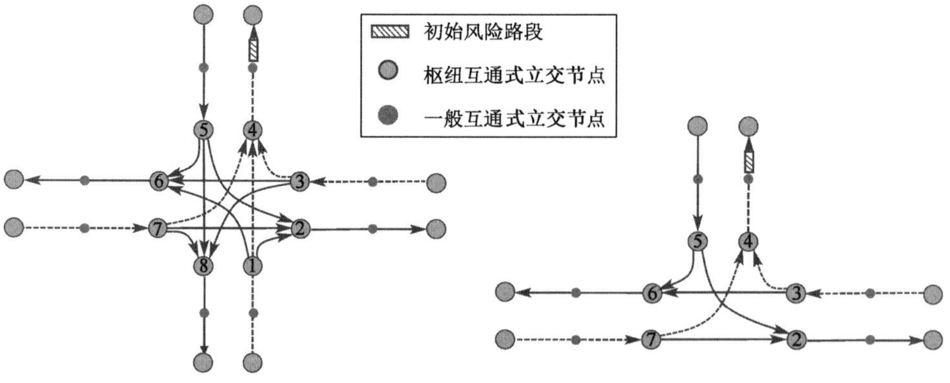

a)直连式四岔形枢纽互通式立交　　b)直连式三岔形枢纽互通式立交

图 3-6　单层结构路网运行风险管控范围

当风险影响范围较大时，应在两层结构的路网内进行风险管控，如图 3-7 中的虚实线所示，利用两层结构路网范围内的可变信息标志、动态限速标志以及车道指示标志发布风险管控方案；或利用车路协同终端发布交通诱导信息，以使车辆选择替代路径，减少驶入风险路段的车辆数或避免车辆选择高风险路径。

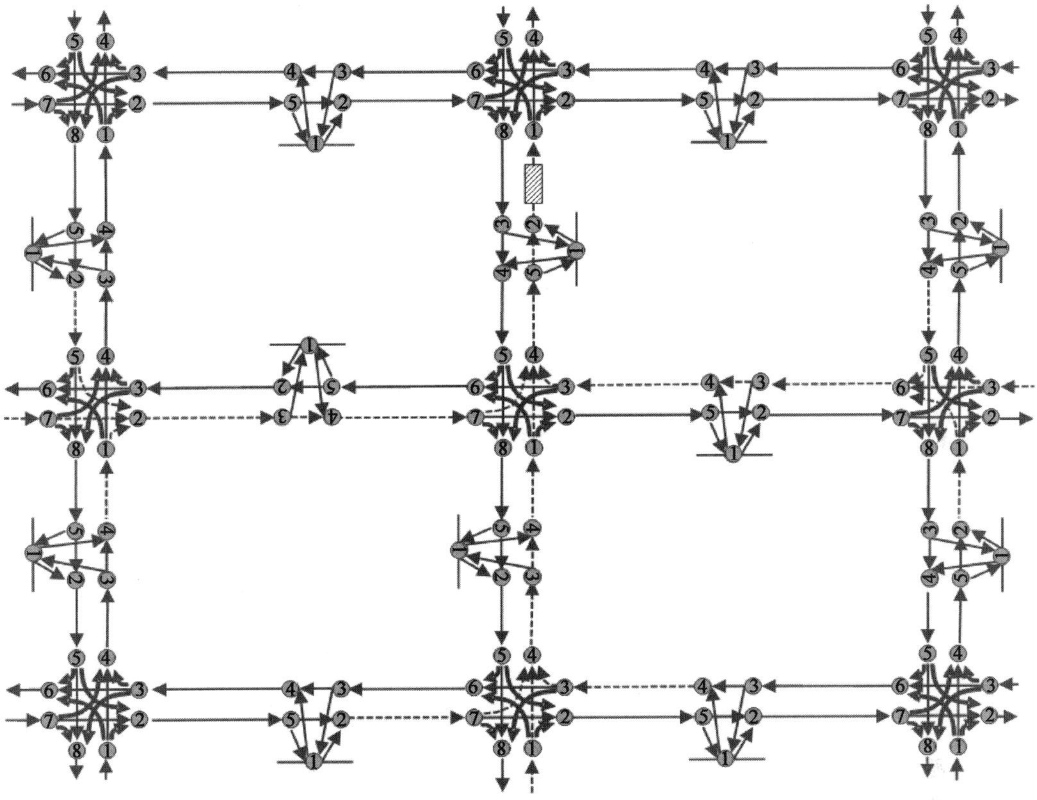

图 3-7　两层结构路网运行风险管控范围

3.1.2　路网内的路段

高速公路是由基本路段和互通式立交节点组成的，专供汽车分向、分车道行驶，全部控制出入的多车道公路。按照交通流运行特征，高速公路可被划分为基本路段、分流影响区、衔接过渡区、合流影响区、交织区—连接匝道。以下对高速公路不同组成部分的定义和研究范围进行说明。

3.1.2.1　基本路段

两个互通式立交之间不受分合流和交织影响的区域称为基本路段。《道路交通标志和标线　第 2 部分：道路交通标志》(GB 5768.2—2022)规定：一般互通式立交在距减速车道起点 2km 处设第一块出口预告标志，枢纽互通式立交宜增加 3km 出口预告标志。由于拟驶出高速公路的车辆在经过出口预告标志后逐渐换道分流，上下游互通式立交的形式将对基本路段的研究范围产生影响。基本路段的研究范围如图 3-8 所示。

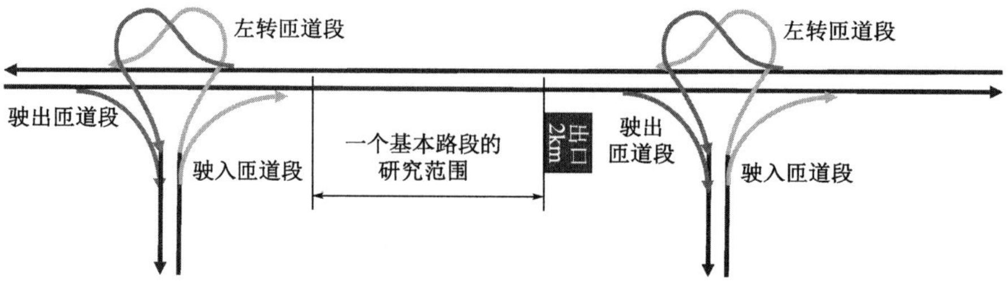

a)两个一般互通式立交之间的基本路段范围

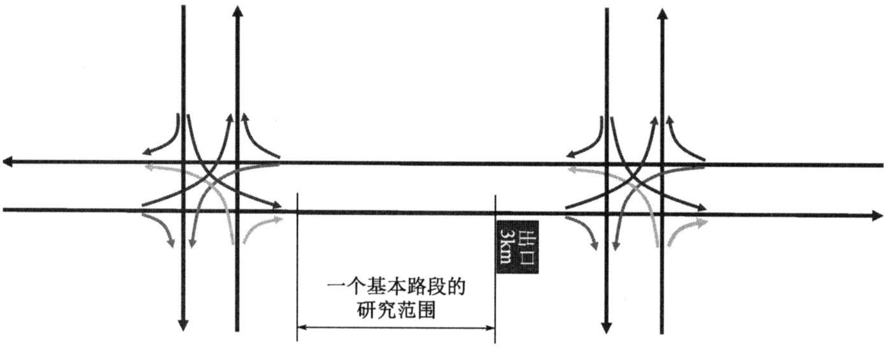

b)两个枢纽互通式立交之间的基本路段范围

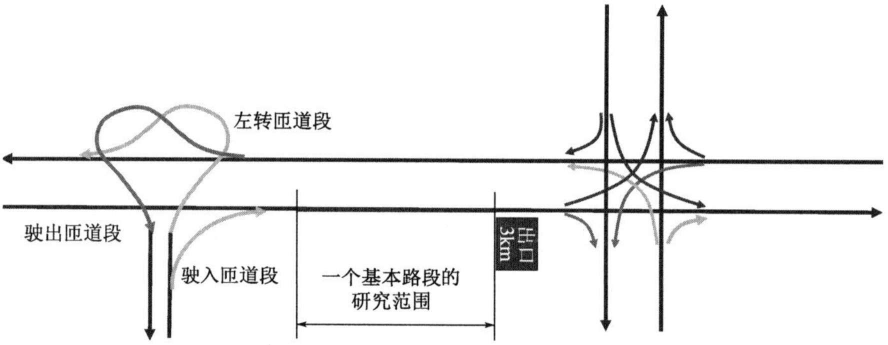

c)一般互通式立交与枢纽互通式立交之间的基本路段范围

图 3-8　高速公路基本路段的研究范围

3.1.2.2　互通节点

在高速公路互通式立交区,从高速公路第一个出口预告标志开始至分流点之间的区域称为分流影响区;合流点至加速车道终点下游 300m 之间的区域称为合流影响区;分合流点之间的主线称为衔接过渡区;立体交叉公路之间的连接线称为匝道;当合流点与分流点距离较近时,还存在驶出主线与驶入主线的车辆轨迹交织的可能,此区域即为交织区。在计算互通式立交节点的运行风险时,可能存在一般互通式立交节点的分流—过渡—合流交通运行风险区组合、枢纽互通式立交节点的分流—过渡—交织—过渡—合流交通运行风险区组合等多种情况。不同互通式立交节点的运行风险区组合情况如图 3-9 所示。

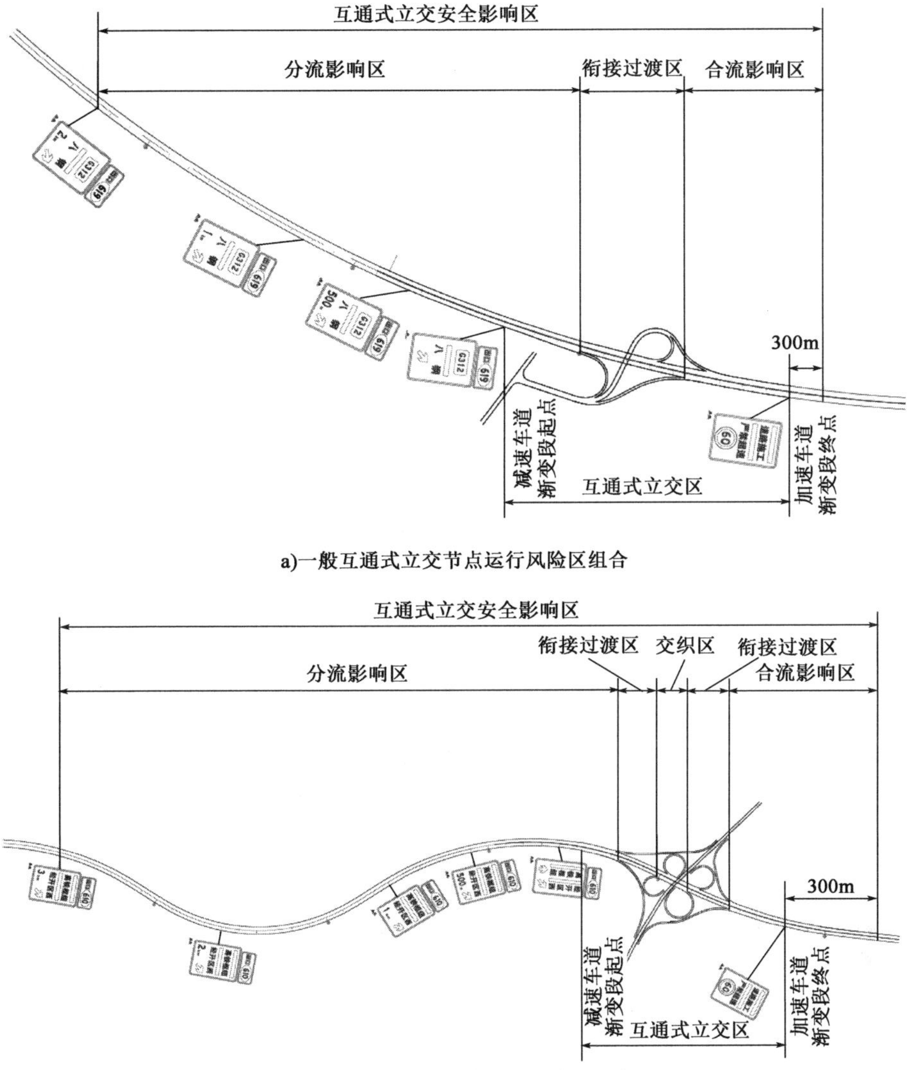

a)一般互通式立交节点运行风险区组合

b)枢纽互通式立交节点运行风险区组合

图 3-9　不同互通式立交节点的运行风险区组合

基本路段、分流影响区、衔接过渡区、合流影响区交织区纵向相接,形成高速公路主线,结合不同交叉公路之间的连接匝道,共同构成高速公路网。不同交通功能区具有不同的交通流运行特征,但其均是对高速公路网的纵向分隔,因此,可将上述区域统称为路段。

为了及时发现风险触发位置,将风险影响范围制在较小的区域内,降低风险管控方案对正常行驶交通流产生的不利影响,还需对高速公路路段进行进一步的细分。以下对风险管控单元的划分方法进行研究。

3.1.3　路网的管控单元划分

管控单元是高速公路交通系统中一切管理工作的基本单位,是交通状态分析与管控的底层对象。在路段的基础上划分风险管控单元,建立管控单元状态表征参数,可更好地描述路网安全状态。

3.1.3.1 管控单元划分

面向风险监测与管控的新一代高速公路应用需要,综合考虑路段交通流变化特征、交通信息获取方法和交通流管控措施等因素,提出从以下三个层面进行高速公路风险管控单元的划分:沿道路横向,管控单元划分主要考虑断面车道数及车道功能;沿道路纵向,管控单元划分主要考虑通行路权、交通检测和交通管理与控制设施的分布;面向未来,管控单元划分还应考虑交通管控的数字化及泛在的信息发布需求。

新一代高速公路呈现出车道数量更多、车道分工更细的特点。为实施精细化、“车道级”的交通运行风险管控,沿高速公路横向进行分车道管控单元划分。以高速公路基本路段为例,横向“车道级”管控单元的划分方法如图 3-10 所示。

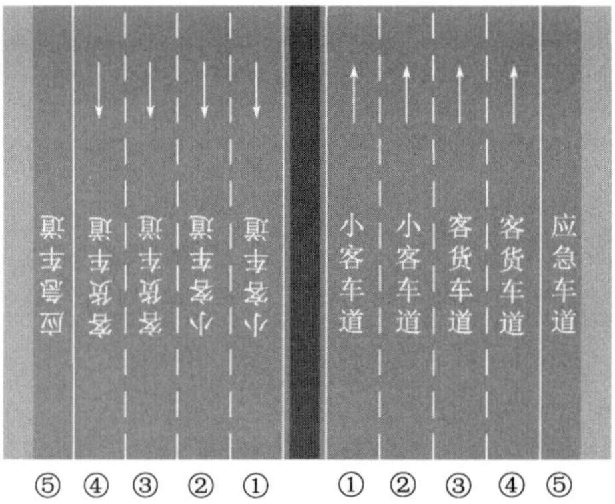

图 3-10 高速公路横向管控单元划分

路权是指交通参与者的通行权利,由交通标志标线、交通设施功能进行确定。在横向管控单元划分的基础上,沿道路纵向进行基于路权的高速公路管控单元划分,如图 3-11 所示。

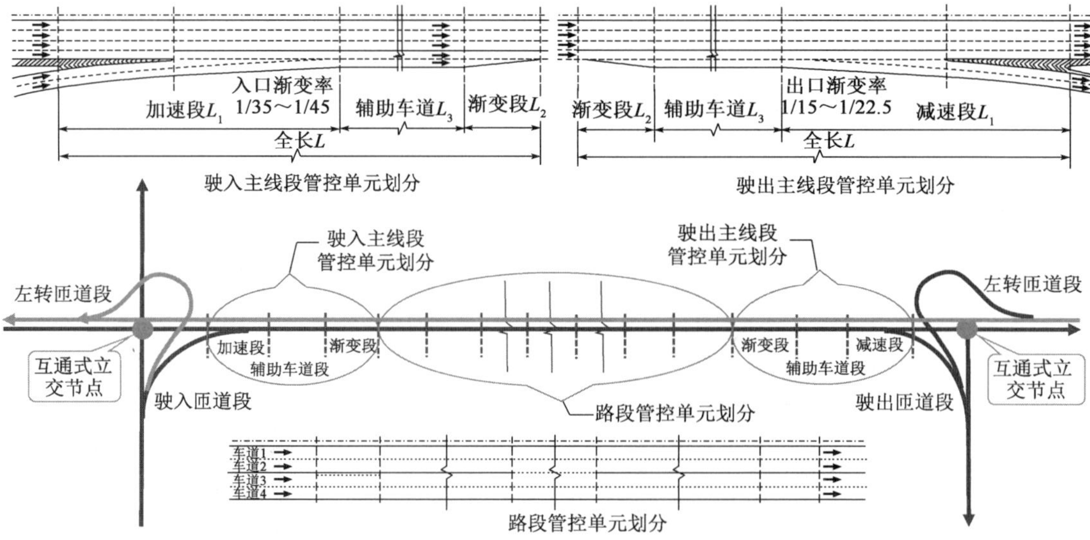

图 3-11 基于路权的高速公路管控单元划分

若高速公路车辆通行路权在长距离大范围内未发生明显变化，意味着进行风险监测与风险管控的区域变大，路网划分粒度变粗，不利于将交通运行风险控制在较小的范围之内，也不利于风险管控方案的实施。

进一步地，当高速公路存在交通信息发布设施（如车道指示器、可变限速标志、可变信息标志等）时，可根据风险监测结果对拟驶入该区域的车辆进行更精细的风险管控。在路权管控单元划分的基础上，提出基于交通信息发布设施的管控单元划分方法，如图 3-12 中的点划线所示。

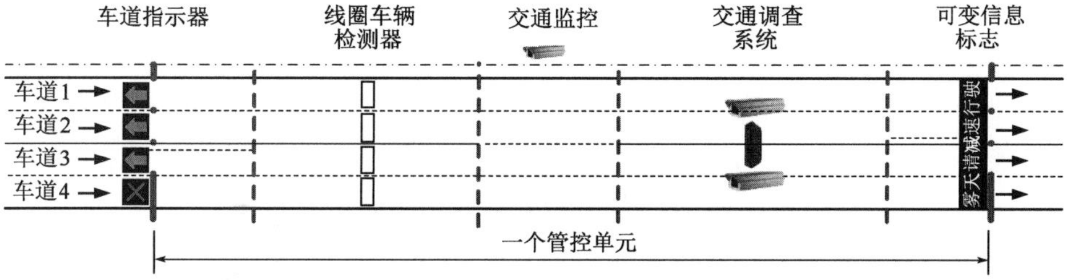

图 3-12　基于交通信息发布设施的高速公路管控单元划分

随着自动驾驶及车路协同技术的发展，新一代高速公路数字化程度日益提高。当路网范围内实际布设的交通管理与控制设施密度较小时，依托数字化的高速公路可进行更加精准的运行风险管控。此时，管控单元的划分不再依赖于可变信息标志、车道指示器等物理设施，而是按照实际需求进行动态划分，更好地支撑新一代高速公路交通运行风险管控。

以横向车道分布、高速路网互通式立交节点、道路通行权属差异、交通检测和信息发布设施点位为主要考虑因素，同时考虑自动驾驶技术以及车路协同技术，确定基于车道的高速公路管控单元划分方法，划分结果如图 3-13 所示。

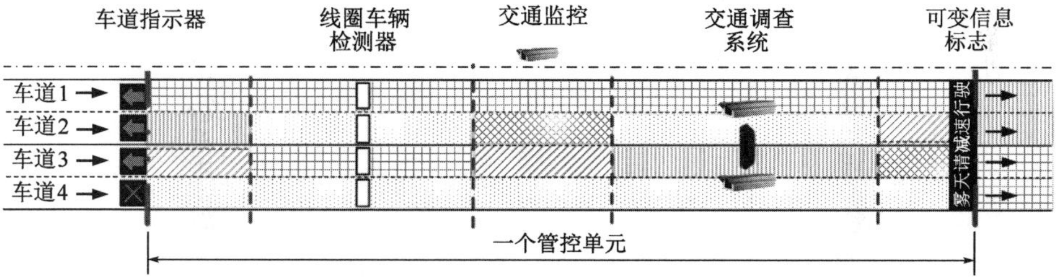

图 3-13　高速公路管控单元综合划分结果

在实际应用中，如果相邻车道或相邻路段交通运行特征相同，且不具备车道级风险管控能力时，可将此类管控单元合并。如单向四车道高速公路内侧两车道为小客车道、外侧两车道为客货车道，在进行高速公路横向管控单元划分时，可将内侧两车道合并为一个管控单元，外侧两车道合并为一个管控单元。

至此形成了以纵横向车道分布、路段通行权属差异、交通数据检测和信息发布设施所在断面为基础的高速公路管控单元划分方法。叠合高速公路枢纽互通式立交一级节点，一般互通式立交二级节点，共同形成高速公路运行风险监测与管控的分级物理架构。管控单元的划分方法决定了不同管控单元交通运行特征以及运行风险的差异，应对各管控单元独立进行风险监测—风险分级—风险管控。

3.1.3.2 管控单元属性

依据面向风险监测与管控的新一代高速公路应用需要,在路网节点层下,进行管控单元属性数字化。管控单元的属性分为物理属性和特征属性两个方面。

1)管控单元的物理属性(静态参数)

(1)地理位置参数 Poi,包括高速公路编号 G_{XX}、管控单元上游互通编号 I_{up}、下游互通编号 I_{down}、上游断面桩号 K_{en}、下游断面桩号 K_{ex}、车道编号 N_{lane}(沿行车方向由左向右进行车道划分),行车方向 Direction("上行"=1,"下行"=2)等。

(2)车道属性 Pro,包括车道类型 L_{type}(小客车专用 Car、客车专用 Coach、客货混行 CT、货车专用 Truck、自动驾驶专用 AV 等)、静态限速值 S_{limit},是否允许向左换道 LC_{left}("允许"=1,"不允许"=0),是否允许向右换道 LC_{right}("允许"=1,"不允许"=0)等。

(3)主要几何线形参数 Ali,包括车道宽度 W_{lane}、平曲线半径 $R_{horizontal}$、纵坡坡度 $Slope_{vertical}$、竖曲线半径 $R_{vertical}$ 等。

(4)交通管控方式 CM,包括管控措施的分类编码 C_{CM}、具体管控措施内容 P_{CM}(文本或数值格式,如警告提醒信息为文本格式、动态限速值即为数值格式)。

对以上管控单元静态参数采用矩阵方法进行表示,如式(3-1)所示。

$$\mathrm{Poi}=\begin{bmatrix} G_{XX} \\ I_{up} \\ I_{down} \\ K_{en} \\ K_{ex} \\ N_{lane} \\ \mathrm{Direction} \end{bmatrix},\mathrm{Pro}=\begin{bmatrix} L_{type} \\ S_{limit} \\ LC_{left} \\ LC_{right} \end{bmatrix},\mathrm{Ali}=\begin{bmatrix} W_{lane} \\ R_{horizontal} \\ \mathrm{Slope}_{vertical} \\ R_{vertical} \end{bmatrix},\mathrm{CM}=\begin{bmatrix} C_{CM} \\ P_{CM} \end{bmatrix} \tag{3-1}$$

2)管控单元的特征属性(包括交通流和交通运行环境等动态参数)

(1)交通流参数 Flow。交通流参数既包括某时刻管控单元内各车的运动状态数据 Vehicle,如:车辆类型 V_{type}(Car、Coach、Truck)、位置 Location(Longitude/X、Latitude/Y)、速度 Speed(Speed/X、Speed/Y)、加速度 Acceleration(Acceleration/X、Acceleration/Y)等;还包括由管控单元内所有车辆数据计算得到的交通流参数 Flow,如:分车型车辆数 n_{Vtype}、交通流速 v_{space}、空间占有率 Occ_{space}、驶入管控单元的交通流量 Q_{en}、驶出管控单元的交通流量 Q_{ex}、驶入管控单元的交通流速 v_{en}、驶出管控单元的交通流速 v_{ex}、驶入管控单元的时间占有率 $Occ_{t\text{-}en}$、驶出管控单元的时间占有率 $Occ_{t\text{-}ex}$ 等。

(2)交通运行环境参数 Environ,包括能见度 Visibility、温度 Temperature、风速 Windy、降雨 Rainy、积雪厚度 Snow、结冰厚度 Ice 等。

对管控单元动态属性参数采用矩阵方法进行表示,结果如式(3-2)所示。

$$\text{Vehicle} = \begin{bmatrix} V_{\text{type}} \\ \text{Location} \\ \text{Speed} \\ \text{Acceleration} \end{bmatrix}, \text{Flow} = \begin{bmatrix} n_{\text{Vtype}} \\ v_{\text{space}} \\ \text{Occ}_{\text{space}} \\ Q_{\text{en}} \\ Q_{\text{ex}} \\ v_{\text{en}} \\ v_{\text{ex}} \\ \text{Occ}_{\text{t-en}} \\ \text{Occ}_{\text{t-ex}} \end{bmatrix}, \text{Environ} = \begin{bmatrix} \text{Visibility} \\ \text{Temperature} \\ \text{Windy} \\ \text{Rainy} \\ \text{Snow} \\ \text{Ice} \end{bmatrix} \tag{3-2}$$

3)管控单元—路段—路网的属性矩阵表征

每个管控单元的属性由静态属性矩阵和动态属性矩阵联合表征,其中动态属性矩阵随时间而变化。管控单元属性 U_{p} 的表示方法,如式(3-3)所示。

$$U_{\text{p}} = [\text{Poi} \quad \text{Pro} \quad \text{Ali} \quad \text{CM} \quad \text{Vehicle} \quad \text{Flow} \quad \text{Environ}] \tag{3-3}$$

根据路段管控单元划分方法确定路段的属性矩阵,使用行向量 $\boldsymbol{i}$ 表示沿道路横向的车道编号,使用列向量 $\boldsymbol{j}$ 表示沿道路纵向的管控单元编号。出口匝道与分流影响区纵向相接,在进行路段属性矩阵表征时,将分流影响区与出口匝道合并为一个路段。路段属性矩阵的表示方法如式(3-4)所示。

$$S_{G_{\text{xx}}K_{\text{en}}K_{\text{ex}}} = \begin{bmatrix} U_{1,1} & U_{1,2} & U_{1,3} & \cdots & U_{1,j} \\ U_{2,1} & U_{2,2} & U_{2,3} & \cdots & U_{2,j} \\ U_{3,1} & U_{3,2} & U_{3,3} & \cdots & U_{3,j} \\ \vdots & \vdots & \vdots & & \vdots \\ U_{i,1} & U_{i,2} & U_{i,3} & \cdots & U_{i,j} \end{bmatrix} \tag{3-4}$$

式中:$S_{G_{\text{xx}}K_{\text{en}}K_{\text{ex}}}$——高速公路路段属性矩阵;

G_{XX}——高速公路编号;

K_{en}——上游断面桩号;

K_{ex}——下游断面桩号;

$\boldsymbol{i}$——路段横向车道编号,面向高速公路大桩号方向,从上行方向的最外侧车道向下行方向的最外侧车道依次编号;

$\boldsymbol{j}$——路段内第 i 条车道沿道路纵向所划分的管控单元数量。

路段依次纵向连接构成路网,通过第一个矩阵表示所选路网内,起终点连线与南北方向夹角小于或等于45°的道路,每条道路的路段数量 n 可以取不同的数值;通过第二个矩阵表示所选路网内,起终点连线与南北方向夹角大于45°的道路,每条道路的路段数量 w 可取不同的数值。每个矩阵的行 s/e 表示所选路网南北或东西方向的第几条道路,列 n/w 表示每条道路的第几个路段,路网属性矩阵的表示方法,如式(3-5)所示。

$$N = \left\{\begin{bmatrix} S_{1,1} & S_{1,2} & S_{1,3} & \cdots & S_{1,n} \\ S_{2,1} & S_{2,2} & S_{2,3} & \cdots & S_{2,n} \\ S_{3,1} & S_{3,2} & S_{3,3} & \cdots & S_{3,n} \\ \vdots & \vdots & \vdots & & \vdots \\ S_{s,1} & S_{s,2} & S_{s,3} & \cdots & S_{s,n} \end{bmatrix}, \begin{bmatrix} S_{1,1} & S_{1,2} & S_{1,3} & \cdots & S_{1,w} \\ S_{2,1} & S_{2,2} & S_{2,3} & \cdots & S_{2,w} \\ S_{3,1} & S_{3,2} & S_{3,3} & \cdots & S_{3,w} \\ \vdots & \vdots & \vdots & & \vdots \\ S_{e,1} & S_{e,2} & S_{e,3} & \cdots & S_{e,w} \end{bmatrix}\right\} \tag{3-5}$$

由此形成以管控单元、路段、路网由下到上的路网属性矩阵表示方法；当对路网运行风险进行监测、诱导决策、信息发布时，可沿路网、路段、管控单元路径进行管控单元属性调用。

3.2 交通运行风险监测

车辆是交通流的基本组成单位，任何道路通行空间的运行风险，均为此区域内所有车辆行车风险综合作用的结果。通过对行车风险的计算和集计，即可建立管控单元—路段—路网运行风险的监测方法。

3.2.1 行车风险监测

行车风险监测是指根据车辆的运动状态，通过行车风险判别指标对行车风险进行计算的方法。

3.2.1.1 行车风险的计算方法

车辆运动状态可分为自由行驶、跟驰行驶和换车道行驶，不同的车辆运动状态具有不同的行车风险特征。车辆间事故是我国高速公路交通事故的主要形态，在计算行车风险时可以车辆间的冲突风险为研究对象，对可能发生车辆间碰撞事故的跟驰和换道两种车辆运动状态进行研究。

1）跟驰车辆行车风险监测方法

当前时刻，具有相同行驶轨迹的两辆车，当后车速度大于前车时，在某一时刻将发生碰撞事故。碰撞时间 TTC 是跟驰车辆之间相对距离 D_{LS}、相对速度v_{LS}和相对加速度a_{LS}的函数。根据运动关系方程，四个参数之间的关系如式(3-6)所示。

$$\frac{1}{2} \times a_{LS} \times \mathrm{TTC}^2 + v_{LS} \times \mathrm{TTC} - D_{LS} = 0 \tag{3-6}$$

对跟驰车辆之间的相对速度和相对加速度大小进行分类讨论，可得 TTC 的计算方法，如式(3-7)所示。

$$\mathrm{TTC} = \begin{cases} \dfrac{-v_{LS} + \sqrt{v_{LS}^2 - 2a_{LS} \times D_{LS}}}{a_{LS}} & (v_{LS} > 0, a_{LS} \neq 0) \\ \dfrac{D_{LS}}{v_{LS}} & (v_{LS} > 0, a_{LS} = 0) \\ \sqrt{\dfrac{2D_{LS}}{a_{LS}}} & (v_{LS} = 0, a_{LS} > 0) \end{cases} \tag{3-7}$$

式中：$D_{LS}=x_{LV}-x_{SV}-l_{LV}$，$v_{LS}=v_{SV}-v_{LV}$，$a_{LS}=a_{SV}-a_{LV}$；

l_{LV}——前车车长；

x_{LV}——某一时刻前车车头所在道路桩号；

x_{SV}——某一时刻自车车头所在的道路桩号；

v_{SV}——自车车速；

v_{LV}——前车车速；

a_{SV}——自车加速度；

a_{LV}——前车加速度。

TTC 值越小，发生碰撞事故的可能性越大。

在跟驰队列中跟驰行驶的安全约束条件为：后车驾驶员通过控制自车的运动状态，以保持同前车的最小安全距离。由于后车驾驶员对前车距离、速度以及加速度的反应敏感性，跟驰过程可分为三个阶段，即前车扰动、后车驾驶员感知变化、后车驾驶员跟驰操作。跟驰队列中，前后车之间的相对距离是使前后车运动状态保持一致性的关键控制变量，而相对速度、相对加速度以及距离碰撞时间三个安全约束条件又共同影响了跟驰过程。

当 t_0 时刻由跟驰车 S 与前导车 L 之间的相对距离D_{LS}、相对速度v_{LS}、相对加速度a_{LS}计算得到的距离碰撞事故发生时刻 t_c 的时间 TTC 小于或等于冲突判别阈值[TTC]时，认定后车具有追尾碰撞的风险。跟驰队列中的行车风险计算图解如图 3-14 所示。

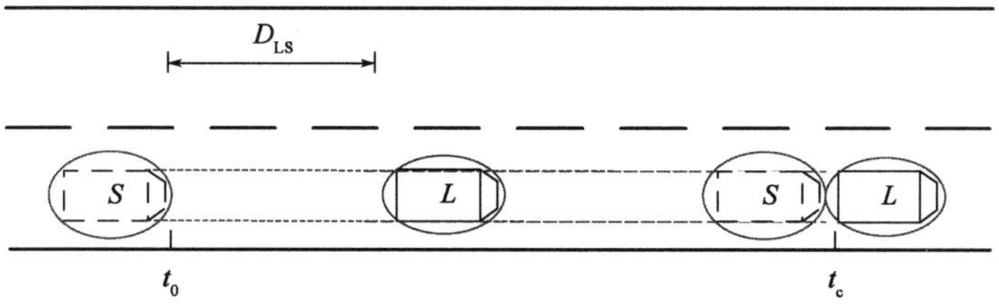

图 3-14　车辆跟驰行驶的安全条件判别

2）换道车辆行车风险监测方法

由于 TTC 多用于计算具有相同行驶轨迹的两辆车的碰撞可能，例如，跟驰队列中的行车风险判别，对于行驶轨迹不同但又可能存在轨迹相交的两辆车，可以采用后侵入时间计算其碰撞风险。后侵入时间为 2 个交通参与者通过同一公共区域的时间差 PET，计算方法如式(3-8)所示。

$$\mathrm{PET}=|t_{LV}-t_{SV}| \tag{3-8}$$

式中：t_{LV}——前车经过两车轨迹相交点的时间；

t_{SV}——后车经过两车轨迹相交点的时间。

同理，PET 值越小，发生碰撞事故的可能性越大。

PET 是指可能存在冲突的两辆车，后车到达冲突线的时间与前车离开冲突线的时间的差值。冲突线是垂直于车道分隔线，且经过换道轨迹线与车道分隔线交点的虚拟直线。

车辆在换道过程中，最多将会与目标车道前车 A 和后车 B、当前车道前车 C 和后车 D 等四辆相邻车辆发生碰撞冲突，此时以四个后侵入时间中的最小值作为换道过程中的后侵入时间，即 $\mathrm{PET}=\min[\mathrm{PET}_{SA},\mathrm{PET}_{SB},\mathrm{PET}_{SC},\mathrm{PET}_{SD}]$。当换道车与周边车辆后侵入时间的最小值小于或等于换道冲突判别阈值[PET]时,认定换道车具有侧面碰撞的风险。车辆换道的行车风险计算图解如图3-15所示。

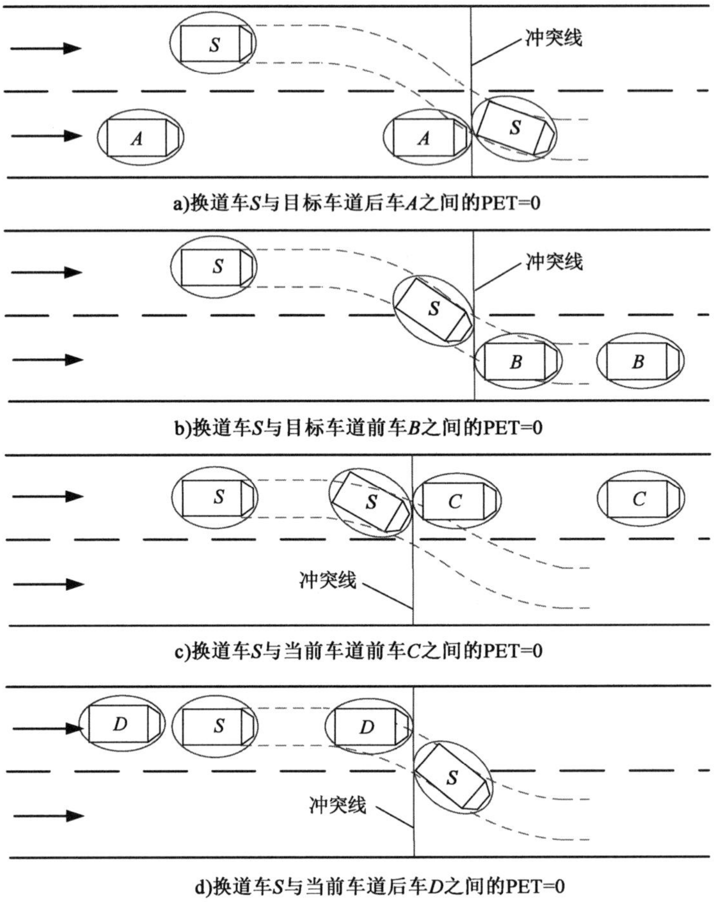

图3-15 车辆换道安全条件判别

3.2.1.2 行车风险的辨识

根据行车风险的计算方法,采用距离碰撞时间(TTC)对跟驰车辆间的碰撞风险进行计算,采用后侵入时间(PET)对换道车辆间的碰撞风险进行计算。进行行车风险辨识需要经过三个步骤:第一,确定车辆的运动状态;第二,计算跟驰队列中后车与前车的TTC_i,计算换道车与周边车辆的PET_i;第三,按照$TTC_i \leqslant [TTC]$与$PET_i \leqslant [PET]$对跟驰和换道车辆的碰撞冲突风险进行判别。

获取路段所有车辆高频时变的位置信息,计算得到车辆的纵横向位移、速度、加速度信息,以及当前车道前、后车,左右相邻车道前、后车、并行车的车辆编号。通过计算统计时间内跟驰车辆TTC和换道车辆PET的概率密度分布,确定跟驰碰撞风险的临界阈值[TTC]和换道碰撞风险的临界阈值[PET],并进行应用验证。

按照式(3-7)的方法对各时刻跟驰车的TTC进行计算,不同车道TTC的频数分布和核密度估计结果如图3-16所示,图中显示不同车道TTC的频数分布呈偏态分布。以TTC累积频率曲线的第85%分位数作为跟驰碰撞风险的判别阈值,当跟驰车辆与当前车道前车的TTC小于其所在车道的TTC临界阈值时,即将其判断为行车风险被触发的车辆。

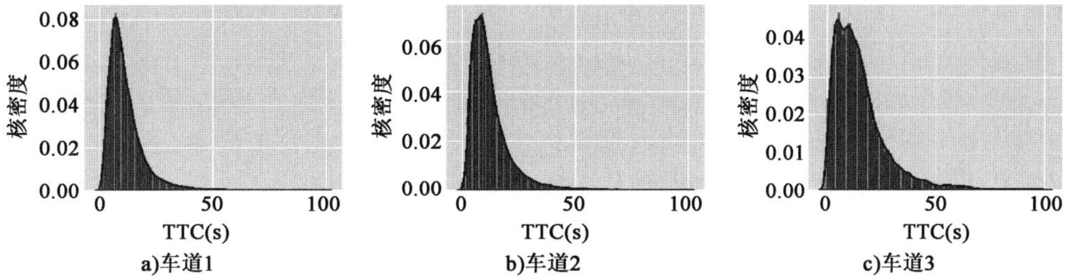

图3-16　不同车道TTC的频数分布和核密度估计

按照式(3-8)的方法对各时刻换道车的PET进行计算,以换道过程中各时刻换道车与当前车道前车和后车、目标车道前车和后车PET中的最小值代表该时刻换道车的碰撞冲突风险,对不同车道换道车的PET进行统计,得到PET频数分布和核密度估计结果如图3-17所示。可以看出,不同车道PET的频数分布呈偏态分布。选择PET累积频率曲线的第85%分位数作为换道碰撞冲突的判别阈值,当换道车辆与当前车道前车和后车,目标车道前车和后车的PET中的最小值小于其所在车道PET的临界阈值时,即将其判断为行车风险被触发的车辆。

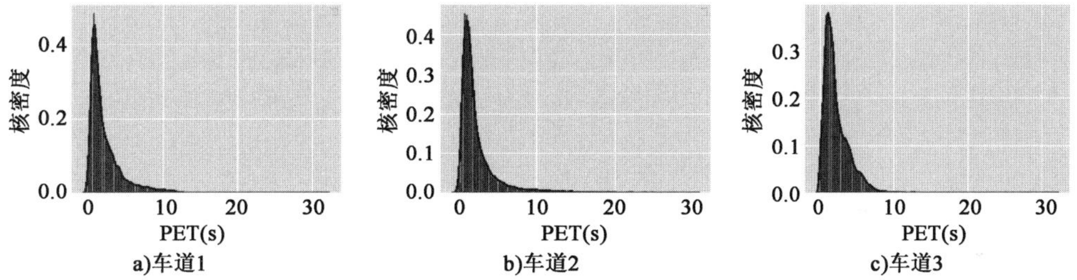

图3-17　不同车道PET的频数分布和核密度估计

按照跟驰和换道车辆行车风险的计算方法,以及不同车道跟驰和换道车辆行车风险判别指标的临界阈值,可对高速公路所有车辆的碰撞冲突风险进行辨识。

3.2.2　管控单元运行风险监测

各时刻管控单元内所有存在碰撞冲突风险的车辆,是触发管控单元运行风险的根本要素和载体。每辆车的行车风险不同,其对管控单元运行风险的影响程度也不相同。进行管控单元运行风险计算时,应能体现每辆车的行车风险和每辆车的相对风险。由于车辆间碰撞事故是交通事故的主要形态,因此,将管控单元运行风险定义为:管控单元内所有存在碰撞冲突车辆的行车风险的加权和。

根据上述分析,获取各时刻管控单元内所有跟驰和换道车辆的行车风险以及每辆车的相对风险,是求解管控单元运行风险的必要条件。当行车风险TTC_i或PET_j小于或等于风险判别临界阈值[TTC]或[PET]时,代表行车风险的触发;TTC和PET越小,意味着发生交通事故的可能性越大;当TTC和PET小于或等于0时表示交通事故已经发生,即交通事故的发生概率为1。对随着TTC和PET的递增,交通事故发生概率的变化趋势进行分析,有利于根据每辆车的行车风险确定其相对风险大小。

按照式(3-7)中TTC的计算方法,假定跟驰过程中前后车保持原有的运动状态不变,则跟驰车与前车的相对速度不变、相对距离减小,所以从行车风险触发到交通事故发生,TTC持续减小。假设有n_1辆车的行车风险等于TTC_1,在随后的跟驰过程中有m_1辆车发生了交通事故,则TTC_1对应的交通事故发生概率为m_1/n_1,同理可得行车风险等于TTC_2、TTC_3、…、TTC_i时的交通事故发生概率。连接各行车风险判别指标TTC_i与交通事故发生概率m_i/n_i二维散点,即可得到该路段跟驰碰撞事故发生概率随行车风险判别指标的变化曲线。

在交通事故发生之前,TTC处于连续变化之中,不同TTC_i对应的车辆数n_i可根据行车风险判别指标的频数分布进行取值。由于交通事故发生前,车辆必然经历了从行车风险触发到行车风险判别指标降为零的过程,所以不同TTC_i对应的交通事故数m_i可取固定值m。行车风险监测指标——交通事故发生概率曲线经过(0,1)点,TTC_0的频数即为观测时间内调研路段的交通事故数m。跟驰事故发生概率m/n_i随行车风险监测指标TTC_i的变化,可由TTC_i频数分布的倒数、再统一乘以TTC_0时的频数m后得到。同理,可建立换道交通事故发生概率随行车风险监测指标PET_j的变化曲线,结果如图3-18所示。

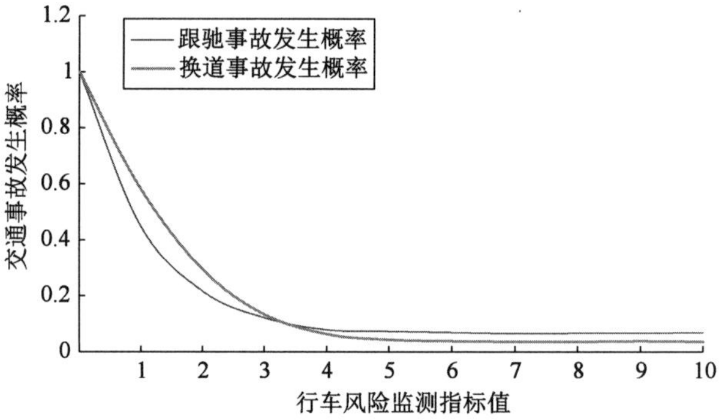

图3-18 交通事故发生概率随行车风险监测指标的变化

由图3-18可知,TTC越接近于零,曲线的斜率越大,表明行车风险触发后,随着TTC的减小,发生交通事故的可能性急剧增加。不同调研路段的交通流运行特征不同,交通事故的频数不同,交通事故发生概率随行车风险监测指标的变化曲线将存在差异。

由于TTC和PET与交通事故发生概率的关系曲线符合幂次定律,故本书采用指数广义帕累托分布对行车风险的相对大小w_i或w_j进行计算。以行车风险TTC_i/PET_j对应的事故发生概率w_i/w_j为权重系数,通过对各时刻管控单元内所有车辆的行车风险进行加权求和,得到管控单元u在t时刻的运行风险R_{u_t}的计算方法,如式(3-9)所示。

$$R_{u\_t} = \sum_{i=1}^{m} w_i \mathrm{TTC}_i + \sum_{j=1}^{n} w_j \mathrm{PET}_j, \begin{cases} 当\ \mathrm{TTC}_i > [\mathrm{TTC}], w_i = 0 \\ 当\ \mathrm{PET}_j > [PET], w_j = 0 \end{cases} \tag{3-9}$$

式中:m——t时刻管控内的跟驰车辆数;

n——t时刻管控内的换道车辆数;

w_i——与第i辆跟驰车的碰撞冲突风险TTC_i对应的交通事故发生概率;

w_j——与第 j 辆换道车的碰撞冲突风险PET$_j$对应的交通事故发生概率；

TTC$_i$——第 i 辆跟驰车的碰撞冲突风险；

PET$_j$——第 j 辆换道车的碰撞冲突风险。

据此，通过对管控单元内所有车辆的行车风险以及与行车风险对应的交通事故发生概率进行加权求和，得到各时刻管控单元的运行风险。

按照式(3-9)的计算方法，除获得各车实时的TTC$_i$和PET$_j$之外，进行管控单元运行风险计算的必要条件还包括进行各车相对安全状态w_i或w_j的计算。

无论是跟驰还是换道导致的交通事故，均是对样本TTC$_i$或PET$_j$小于某一个较低阈值时的超阈值随机变量分布的研究。根据超阈值随机变量的分布和交通事故的发生条件，可以计算各车发生交通事故时的概率R_i，交通事故发生概率的计算方法如式(3-10)所示。

$$R_i = P_r(z \leqslant 0) = 1 - G(0) \tag{3-10}$$

式中：z——两车之间的时空接近程度；

$G(0)$——两车之间的时空接近程度大于0，即未发生交通事故的概率。

$G(z_p)$满足 $G(z_p) = 1 - P_r(z \leqslant z_p) = 1 - p$，其中两车之间的时空接近程度小于或等于 z_p的概率为 p。以 TTC 和 PET 为基础计算交通事故的发生概率时，当 $z_p \leqslant 0$ 时表示观测期内有交通事故发生；当 $z_p > 0$ 时表示观测期内没有交通事故发生，观测期可通过 $1/p$ 进行确定。

研究表明，在历史事故数据记录时间较短、数据样本有限的条件下，采用阈值为μ、参数为(σ,ξ)的广义帕累托分布，可以描述交通事故发生概率 $G(z_p)$随行车风险判别指标 z_p的变化，继而得到各车的相对安全状态w_i或w_j，且能取得较好的预测效果。修正后的广义帕累托分布函数如式(3-11)所示。

$$G(z_p) = \left(1 + \xi \frac{z_p - \mu}{\sigma}\right)^{-1/\xi} \tag{3-11}$$

式中：z_p——计算得到的各时刻不同车辆的TTC$_i$或PET$_j$值；

μ——位置参数；

σ——尺度参数；

ξ——形状参数，形状参数越大，模型的厚尾特性越明显。

广义帕累托分布只在数据的尾部或极端值处才有意义，通常用于对极端事件或罕见事件发生频率的建模。其分布函数 $G(z_p;\mu,\sigma,\xi)$共包含四个未知参数，其中各时刻车辆间的碰撞冲突风险 z_p即为其行车风险。

确定位置参数μ可以帮助筛选满足冲突判别条件的样本，选择各车道行车风险判别指标的临界阈值作为广义帕累托分布的位置参数。通过对交通事故发生概率随行车风险判别指标变化曲线的分析，采用不包含形状参数ξ的广义帕累托分布中的 Gumbel 分布，进行交通事故发生概率计算。修正后的 Gumbel 分布概率密度函数如式(3-12)所示。

$$f(z_p) = \frac{e^{-e^{\frac{-z_p+\mu}{\sigma}} + \frac{-z_p+\mu}{\sigma}}}{\sigma} \tag{3-12}$$

在确定行车风险 z_p(TTC$_i$、PET$_j$)、位置参数μ([TTC]、[PET])以及不同行车风险TTC$_i$和PET$_j$对应的概率密度$f(z_p)$后，经过计算可得到各车道 Gumbel 分布的尺度参数 σ。修正后的 Gumbel 累积频率分布函数如式(3-13)所示。

$$G(z_p) = 1 - e^{-e^{\frac{-z_p+\mu}{\sigma}}} \tag{3-13}$$

按照示例数据中不同车道跟驰和换道车辆 TTC 与 PET 的计算结果,得到相对车辆安全状态 $G(z_p)$的计算方法,见表 3-1。

各车道车辆相对安全状态计算公式 表 3-1

车道编号	位置参数 μ		尺度参数 σ		累积频率分布函数 $G(z_p)$	
	跟驰	换道	跟驰	换道	跟驰	换道
1	3.48s	3.9s	0.66	2.52	$1-e^{-e^{\frac{-z_p+3.48}{0.66}}}$	$1-e^{-e^{\frac{-z_p+3.90}{2.52}}}$
2	3.39s	3.56s	0.78	1.61	$1-e^{-e^{\frac{-z_p+3.39}{0.78}}}$	$1-e^{-e^{\frac{-z_p+3.56}{1.61}}}$
3	3.46s	3.96s	0.86	3.61	$1-e^{-e^{\frac{-z_p+3.46}{0.86}}}$	$1-e^{-e^{\frac{-z_p+3.96}{3.61}}}$

通过式(3-9)对管控单元运行风险进行计算,采用长均值聚类算法(K-means)对管控单元运行风险进行风险分级,结果见表 3-2。

管控单元运行风险分级 表 3-2

分级	一级风险	二级风险	三级风险	四级风险	五级风险	六级风险
风险值	≤3	≤6	≤10	≤15	≤20	>20

以各时刻高速公路网所有管控单元运行风险监测结果为基础,以横向相邻管控单元运行风险的最大值代表该道路断面的运行风险,依次纵向相接形成路网运行风险地图。管控单元运行风险可视化结果如图 3-19 所示。

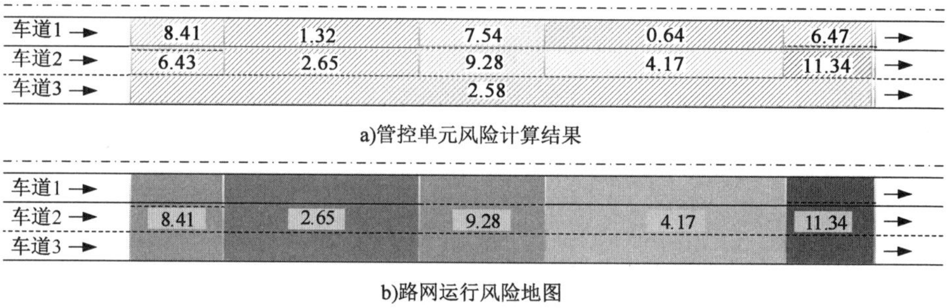

图 3-19 管控单元运行风险可视化

在某双向六车道高速公路的基本路段进行管控单元运行风险监测方法应用验证。调研路段长度为 420m,每次调研时长约为 15min。各管控单元在一天内不同时段的运行风险变化过程,如图 3-20 所示。

由图 3-20 可知,除调研开始时间为 9:20 的时段外,其他调研时段管控单元运行风险随时间的波动范围较小,这是因为调研路段在 9:20 左右发生了拥堵事件,车辆运动状态的剧烈变化导致各管控单元运行风险的增加。以同一路段不同管控单元为分析对象,可以发现位于中间车道的管控单元 2 的运行风险最大,不同时段风险的离散程度和中位数均较稳定;管控单元 3 的运行风险居中,但不同时段风险的离散程度差异较大;管控单元 1 的运行风险最低。由此表明,本书所建立的管控单元运行风险监测方法可以有效反映道路安全状态的变化。

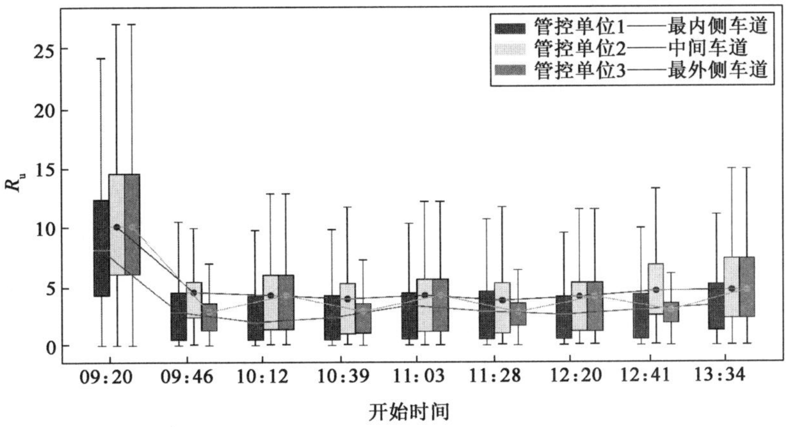

图 3-20 同一路段不同管控单元运行风险随时间的变化

3.2.3 路段运行风险监测

管控单元是按照横向车道功能、纵向通行路权、交通调查与管控设施的分布等对高速公路路段的划分,因此可根据管控单元运行风险监测结果,集计得到路段运行风险。当路段内所有管控单元运行风险均较小时,路段运行风险也较小;当管控单元运行风险发生积聚、传播时,处于高风险等级的管控单元数量增加,路段运行风险也将增加。管控单元处于较高风险等级、高风险等级的管控单元占路段所有管控单元数量的比例,是影响路段运行风险的两个关键变量。据此将路段运行风险定义为:运行风险大于或等于某临界值的管控单元数量占路段所有管控单元数量的比例。路段运行风险R_{s_t}的计算方法如式(3-14)所示。

$$R_{s\_t} = \frac{NU_R}{NU} \tag{3-14}$$

式中:NU——路段 s 中的管控单元数量;

NU_R——t 时刻路段 s 中包含的运行风险大于或等于某临界值 R 的管控单元数量。

确定用于路段运行风险计算的管控单元临界风险值 R,对于路段运行风险监测具有决定意义。高速公路在常态化运行期间,各时刻路段中的管控单元运行风险相近,且都处于较低值;高速公路在非常态化运行期间,交通流运行状态的变化导致车辆之间的交互作用变大,管控单元运行风险增加,因此管控单元的交通流状态可反映管控单元的安全状态。

服务水平是用路者在不同的交通流状况下,所能得到的速度、舒适性、经济性等方面的服务程度,亦即公路在某种交通条件下为驾驶员和乘客所能提供的服务质量。通过对服务水平的分析,可获得公路的速度、行驶自由度、交通中断情况等。《公路路线设计规范》(JTG D20—2017)以交通流状态为划分条件,根据交通流从自由流、稳定流到饱和流和强制流的变化过程,将公路服务水平划分为六级。

当公路的服务水平为一级和二级时,交通流为自由流状态,车辆可以自由选择通行车道和行驶速度,行车风险较小。当公路的服务水平为三级和四级时,交通流为稳定流状态,在无交通事故或行车障碍影响时,交通流能保持相对稳定状态,此时车辆之间的相互作用加剧、行车风险增加。当公路的服务水平为五级和六级时,交通流处于饱和流和强制流状态,任何车辆运动状态的变化均会导致驾驶行为的传递、行车风险以及管控单元运行风险的传播,此时路段内处于较高风险等级的管控单元占比增加,路段运行风险增加。

当设计速度为120km/h时,高速公路路段服务水平与最大服务交通量之间的关系见表3-3。其中,基准通行能力为五级服务水平条件下对应的最大服务交通量,即2200pcu/(h·ln)。

高速公路路段服务水平分级 表3-3

服务水平分级	一级	二级	三级	四级	五级	六级
饱和度(v/C)	0.35	0.55	0.75	0.90	1.00	>1.00
最大服务交通量[pcu/(h·ln)]	750	1200	1650	1980	2200	0~2200

为了探究管控单元运行风险与服务水平之间的关系,设置单向三车道、总长为2km、设计速度为120km/h的高速公路平直路段仿真实验场景,对不同服务水平下的管控单元运行风险进行计算。仿真实验共包含两个变量:上游交通需求与不同的管控单元。根据表3-3中不同服务水平对应的最大服务交通量;上游交通需求按照(660:110:2310)[pcu/(h·ln)]设置;沿道路横向由最内侧车道至最外侧车道,将实验路段划分为三个不同的管控单元。

仿真实验结束后,获取该路段所有车辆的行驶轨迹,按照管控单元运行风险的计算方法,得到实验过程中各管控单元运行风险的平均值。由此获得不同管控单元运行风险随上游交通需求的变化,结果如图3-21所示。

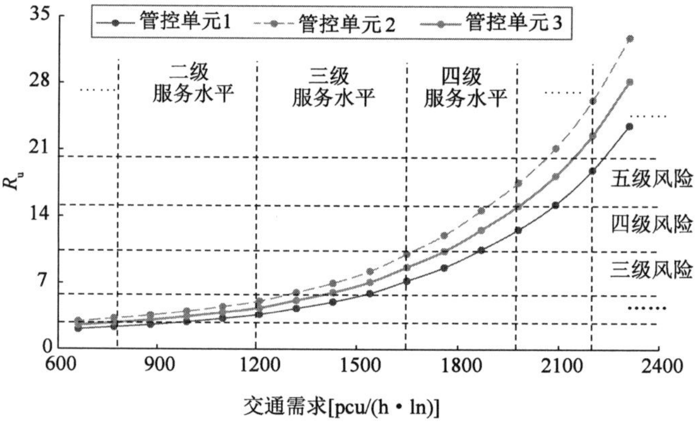

图3-21 管控单元运行风险随上游交通需求的变化

实验结果表明,高速公路同一路段中间车道管控单元运行风险高于最外侧车道和最内侧车道,但当管控单元服务水平处于三级及以上时,此类差异并不明显;管控单元运行风险随上游交通需求的增加而增加。管控单元运行风险与公路服务水平之间存在对应关系,当公路服务水平大于或等于五级时,因管控单元运行风险传播导致路段运行风险增加的可能性极大,此时管控单元运行风险也处于五级及以上。故可根据运行风险大于或等于五级的管控单元数量占路段所有管控单元数量的比例,进行路段运行风险计算。

基于图3-20管控单元运行风险监测方法应用验证中的调研数据,对路段运行风险监测方法进行应用验证。不同调研时段下的路段运行风险 R_s 小提琴图和箱线图如图3-22所示。

图3-22显示,除在9:20调研路段出现 R_s 等于1/3、2/3以及少量1的情况外,其他时段 R_s 大多等于0。这是因为在9:20左右,调研路段出现排队缓行情况,车辆之间相对运动状态

的变化导致行车风险、管控单元以及路段运行风险增加。在其他调研时段,路段交通平稳运行,交通运行风险降低。

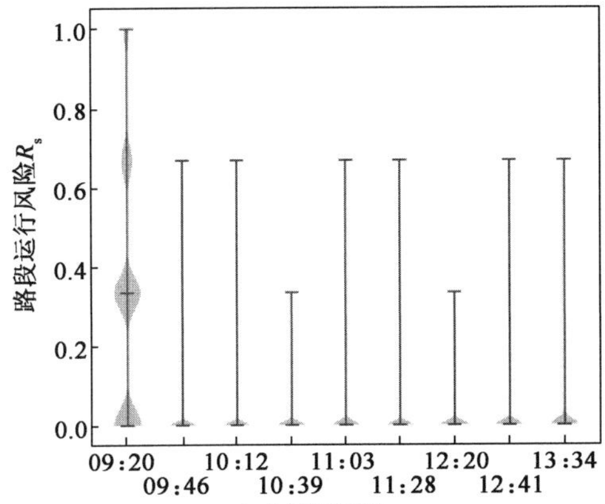

a)小提琴图

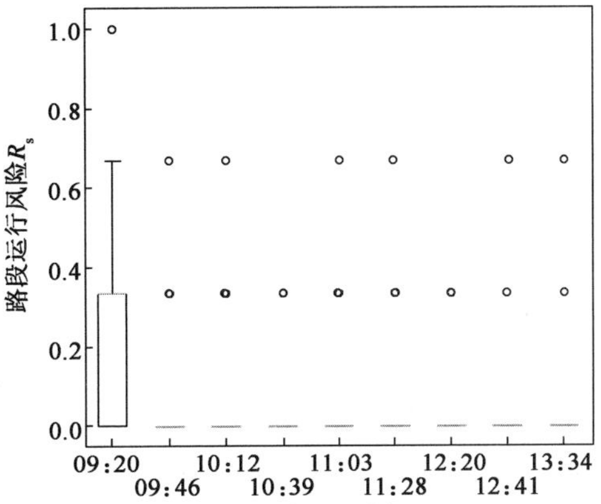

b)箱形图

图 3-22 高速公路路段运行风险随时间的变化

多车道高速公路通常分车道分车型限速行驶,不同车道的交通流运行状态不同。受车辆之间相对运动状态变化影响,发生风险触发以及传播的管控单元运行风险增加,导致路段运行风险增加;当对路段进行横向管控单元划分时,受驾驶员通过换道以满足其对期望车速行驶要求的影响,交通运行风险在沿道路纵向传播的同时,也对横向相邻管控单元的运行风险产生影响,由此导致路段运行风险的进一步增加。这是调研开始时间为 9:20 的时段,路段运行风险与其他时段不同的主要原因。

双样本 KS 检验通过对 KS 统计量和 p 值的计算,评价两个一维样本数据是否服从同一分布。双样本 KS 检验的原假设为 H_0:两个样本服从同一经验分布,其拒绝条件的计算方法,如式(3-15)所示。

$$D_{n,m} = \sup_x |F_{1,n}(x) - F_{2,m}(x)| > \sqrt{-\frac{1}{2}\ln\left(\frac{\alpha}{2}\right)}\sqrt{\frac{n+m}{nm}} \tag{3-15}$$

式中:$D_{n,m}$——两个样本累积分布函数的最大间隔距离;

n——第一个样本的样本量;

m——第二个样本的样本量;

α——显著性水平。

为了探究不同调研时段路段运行风险之间的关系,对同一路段不同时段的路段运行风险进行两样本 KS 检验。九组路段运行风险 R_s 数据的两样本 KS 显著性水平 p 值的分布见表 3-4。

不同时段路段运行风险两样本 KS 检验结果 表 3-4

p 值	$R_s\_t_1$	$R_s\_t_2$	$R_s\_t_3$	$R_s\_t_4$	$R_s\_t_5$	$R_s\_t_6$	$R_s\_t_7$	$R_s\_t_8$	$R_s\_t_9$
$R_s\_t_1$	1.00	—	—	—	—	—	—	—	—
$R_s\_t_2$	0.00	1.00	—	—	—	—	—	—	—
$R_s\_t_3$	0.00	1.00	1.00	—	—	—	—	—	—
$R_s\_t_4$	0.00	0.19	0.38	1.00	—	—	—	—	—

续上表

p 值	$R_s\_t_1$	$R_s\_t_2$	$R_s\_t_3$	$R_s\_t_4$	$R_s\_t_5$	$R_s\_t_6$	$R_s\_t_7$	$R_s\_t_8$	$R_s\_t_9$
$R_s\_t_5$	0.00	0.00	0.00	0.06	1.00	—	—	—	—
$R_s\_t_6$	0.00	1.00	1.00	0.10	0.00	1.00	—	—	—
$R_s\_t_7$	0.00	0.01	0.02	0.73	0.97	0.00	1.00	—	—
$R_s\_t_8$	0.00	0.00	0.01	0.78	0.81	0.00	1.00	1.00	—
$R_s\_t_9$	0.00	0.00	0.00	0.00	0.00	0.00	0.00	0.00	1.00

当 $p<0.05$ 时,意味着有强有力的证据拒绝两组数据来自同一分布的原假设,即'$R_s\_t_i$'与'$R_s\_t_j$'不服从相同的分布。表3-4显示,虽然在同一日内的部分不同时段,路段运行风险服从相同的分布,但并无具体规律可循。由此表明,路段运行风险处于不断变化之中,需要进行实时路段运行风险监测才能准确掌握道路安全状态。

3.2.4 路网运行风险监测

路网是由路段串并联组成的网状结构物,路网运行风险与各时刻路网内所有车辆的行车风险有关、与路网内所有管控单元的运行风险有关、与组成路网的路段运行风险有关、与路网内各路段的交通流运行特征有关。不同的研究对象可建立不同的路网运行风险监测方法,但实时的车辆运动状态是各类路网运行风险监测方法的底层数据基础。

相较于以车辆间的跟驰和换道碰撞冲突计算行车风险、以管控单元内所有存在碰撞冲突车辆的行车风险的加权和计算管控单元运行风险、以运行风险大于或等于五级的管控单元数量占路段所有管控单元数量的比例计算路段运行风险,路网覆盖的道路通行空间、包含的车辆数均较多,是对宏观道路安全状态的评价,且路网是由不同长度的路段组成的,可根据各时刻路网内所有路段的运行风险,建立路网运行风险计算方法。

在常态化运行期间,路网内各路段的运行风险较低,路网通常处于安全运行状态;随着行车风险的触发—积聚—传播,交通运行风险沿路段及互通式立交向相交道路进行传播,导致风险传播范围内的路段运行风险增加;随着交通运行风险的消散,路网内各路段的运行风险降低,路网恢复至安全状态。因此,在已知各时刻路段运行风险的基础上,通过对路段运行风险的加权求和,可得到路网运行风险。

由于路网运行风险是对宏观道路安全状态的客观反映,各时刻路段运行风险的权重系数应能体现路段运行风险对路网运行风险的贡献程度。当前权重系数可按照计算样本的均值、标准差、最大值、最小值、极差、回归斜率、峰度、偏度等方法获得,而用于路网运行风险计算的权重系数既不能倾向于高风险路段也不能突显低风险路段。综合考虑以路段长度占路网总长度的比值,代表该路段运行风险的权重系数。故将路网中所有路段运行风险与各路段长度占路网总长度比值的加权和,定义为路网运行风险。路网运行风险 R_{n_t} 的计算方法如式(3-16)所示。

$$R_{n\_t} = \sum_i \frac{l_{si}}{L} R_{si} \tag{3-16}$$

式中:i——路网 n 中路段的数量;

L——路网 n 中所有路段的总长度；

l_{si}——第 i 个路段的长度；

R_{si}——t 时刻，第 i 个路段的运行风险。

按照式(3-16)，路网运行风险与各车的行车风险、路网内各管控单元的运行风险、路网内各路段的运行风险有关。根据路网运行风险 R_n 随时间的变化，可判断路网安全状态的变化，为制定并发布路网级的行车安全保障方案提供决策支持。

3.3 交通运行风险预测

受交通运行风险变化影响，基于实时交通运行风险监测的风险管控不能满足管理者对交通系统运行最安全的应用需要，因此应结合交通运行风险监测和预测结果，综合制定风险管控方案。

3.3.1 管控单元运行风险预测

前文通过对行车风险的集计得到管控单元运行风险，但对行车风险的预测通常仅限于“秒级”水平。由于车辆通过管控单元的行程时间处于“分级”及以上，所以对管控单元运行风险的预测时长也应达到“分级”水平，通过行车风险集计管控单元运行风险的方法，不再适用于管控单元运行风险预测。

交通流参数时间序列具有各类时序特征，对宏观交通流参数的“分级”预测通常具有较高的可靠性，且管控单元运行风险依附于交通流而存在，交通流参数隐含承载着管控单元运行风险。由此提出建立管控单元运行风险与宏观交通流参数之间的关系模型，以宏观交通流参数预测结果为输入、以管控单元运行风险预测结果为输出的管控单元运行风险预测方法，预测流程如图 3-23 所示。

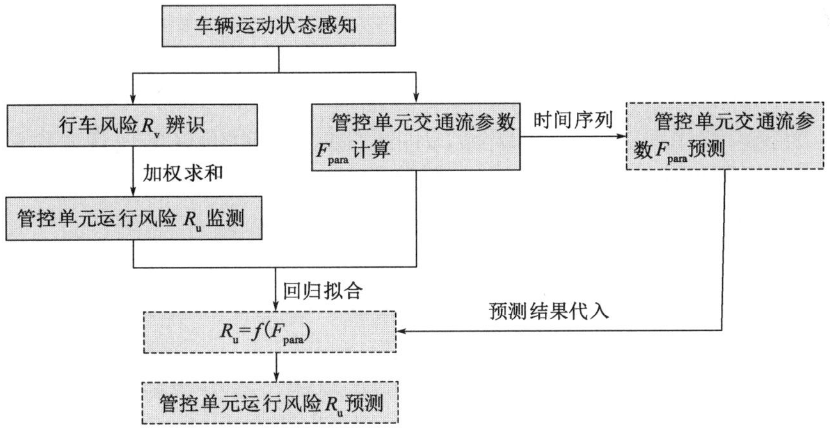

图 3-23 管控单元运行风险预测流程

3.3.1.1 管控单元运行风险计算模型建立

基于宏观交通流参数的管控单元运行风险预测方法，包括分析并确定影响管控单元运行风险的决策变量、利用决策变量与管控单元运行风险之间的关系，建立管控单元运行风险预测模型两个步骤。

管控单元运行风险预测模型的因变量属于连续变量，决策变量既包括连续变量，如管控单元运行风险的监测时刻、交通流参数等；也包括离散变量，如管控单元所在车道等。

宏观交通流参数是管控单元内所有车辆运动状态的综合反应。通过车辆轨迹数据计算得到的宏观交通流参数包括某时刻管控单元中的车辆数、大型车辆比例、平均交通流速、平均加/减速度、平均车头间距等，以及速度、加速度、车头间距等交通流参数的标准差、极差等统计量（统计量中最大值与最小值之差），最终得到可能对管控单元运行风险产生影响的 16 个决策变量，见表 3-5。

管控单元运行风险决策变量 表 3-5

<table>
<tr><th>因变量</th><th>决策变量</th><th colspan="2">变量组成</th></tr>
<tr><td rowspan="7">管控单元运行风险</td><td rowspan="3">交通流参数</td><td colspan="2">车辆数均值（Num_Veh）、交通流速均值（Avg_Speed）、加/减速度均值（Avg_Acc/Avg_Dec）、车头间距均值（Avg_Dhw）、大型车辆比例均值（Prop_Truck）</td></tr>
<tr><td colspan="2">交通流速标准差（Std_Speed）、加/减速度标准差（Std_Acc/Std_Dec）、车头间距标准差（Std_Dhw）</td></tr>
<tr><td colspan="2">交通流速极差（Range_Speed）、加/减速度极差（Range_Acc/Range_Dec）、车头间距极差（Range_Dhw）</td></tr>
<tr><td>时间参数（time）</td><td colspan="2">0 ~ 1h，1 ~ 2h，2 ~ 3h，3 ~ 4h，…，20 ~ 21h，21 ~ 22h，22 ~ 23h，23 ~ 0h</td></tr>
<tr><td rowspan="3">位置参数（lane_Id）</td><td>单向两车道</td><td>最左侧车道，最右侧车道</td></tr>
<tr><td>单向三车道</td><td>最左侧车道，中间车道，最右侧车道</td></tr>
<tr><td>单向四车道</td><td>最左侧车道，中间左车道，中间右车道，最右侧车道</td></tr>
</table>

采用类别编码对时间参数和位置参数进行设置，将 0 ~ 23h 的类别变量分别设置为 0 ~ 1h，1 ~ 2h，…，23 ~ 0h；单向两车道的位置变量由左向右分别设置为 0 ~ 1，单向三车道的位置变量由左向右分别设置为 0 ~ 2，单向四车道的位置变量由左向右分别设置为 0 ~ 3。由此形成了以交通流参数、管控单元运行风险监测时刻所处时段、管控单元位置为决策变量的初始变量集。

决策变量筛选的相关性检验包括两个部分：首先对决策变量之间的相关性进行检验，删除具有多重共线性且包含信息量少的变量；其次在决策变量与因变量之间进行相关性分析，删除对因变量贡献率小的决策变量。

不同决策变量之间的相关系数热力图如图 3-24 所示。以相关系数的绝对值大于或等于 0.7 作为决策变量之间存在多重共线性的判断阈值，由图 3-24 可知，车道位置与货车比例、速度极差与速度标准差、平均车头间距与车头间距极差和标准差、平均加速度与加速度极差和标准差、减速度极差与减速度标准差等变量之间存在多重共线性。最终选择管控单元运行风险的监测时间、车道位置、平均速度、速度标准差、平均车头间距、平均加速度、平均减速度、减速度标准差、管控单元中的车辆数等 9 个变量，进行下一步分析。

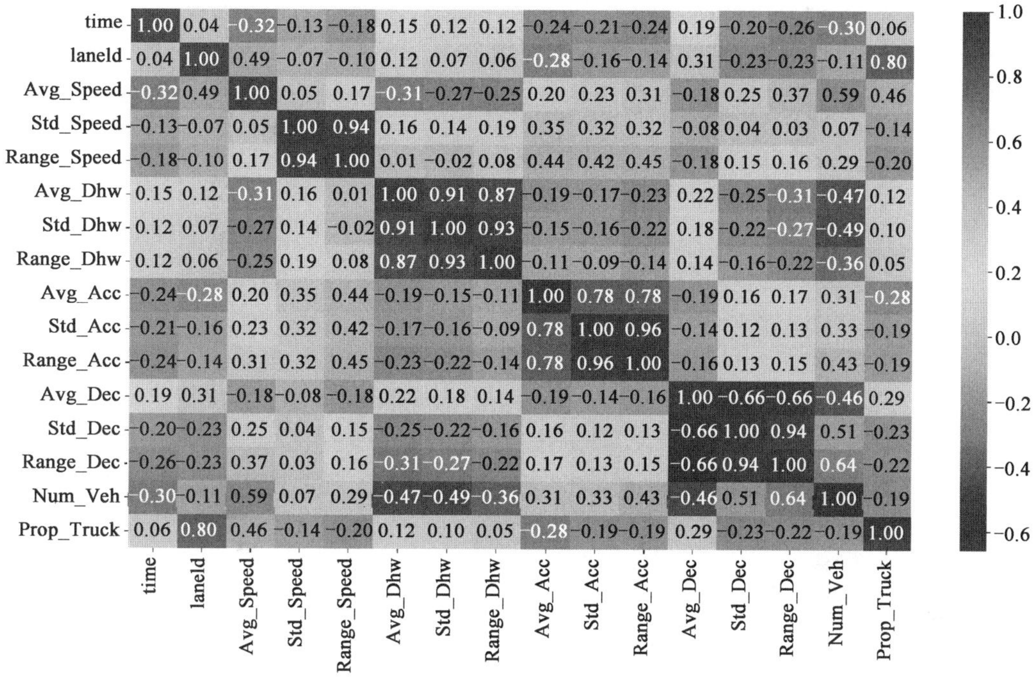

图 3-24 不同决策变量之间的相关系数热力图

利用相关系数法对剩余决策变量与因变量之间的相关性进行检验。9 个决策变量与因变量之间的相关性分析散点图如图 3-25 所示。结果表明:平均速度、平均车头间距、平均加速度、管控单元中的车辆数等 4 个决策变量与管控单元运行风险的相关性较大;交通流参数的标准差、极差统计量,车道位置参数、运行风险的监测时间等变量与因变量之间的相关系数较小。其中,平均速度、管控单元中的车辆数、平均加速度与管控单元运行风险呈正相关,车头间距与管控单元运行风险呈负相关。

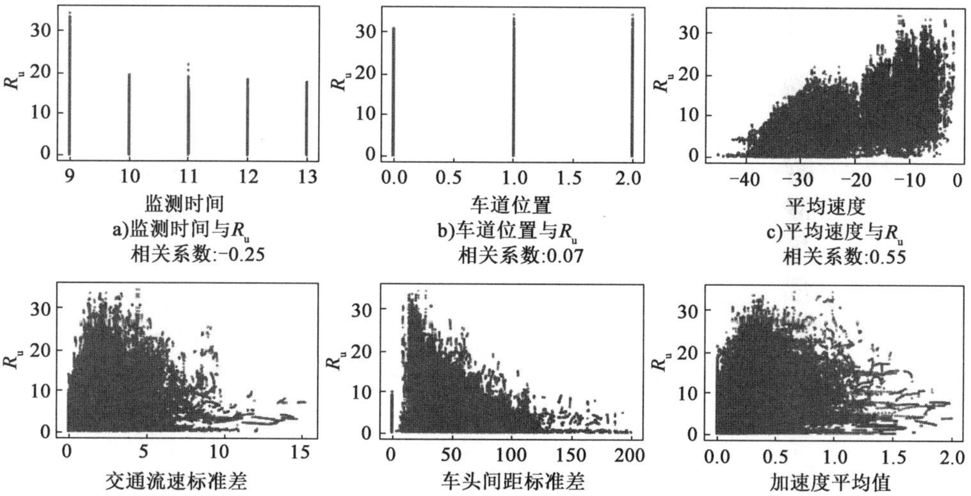

a)监测时间与R_u 相关系数:−0.25
b)车道位置与R_u 相关系数:0.07
c)平均速度与R_u 相关系数:0.55
d)交通流速标准差与R_u 相关系数:0.09
e)车头间距标准差与R_u 相关系数:−0.31
f)加速度平均值与R_u 相关系数:0.37

图 3-25

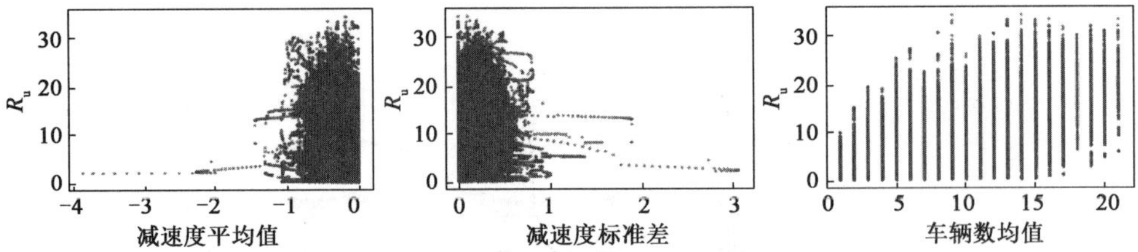

g)减速度平均值与 R_u 相关系数:-0.24　h)减速度标准差与 R_u 相关系数:0.28　i)车辆数均值与 R_u 相关系数:0.61

图 3-25　决策变量与因变量相关性分析散点图

综上,选择与管控单元运行风险相关程度较高的平均速度、平均车头间距、平均加速度、管控单元中的车辆数等 4 个决策变量作为特征变量,采用 LightGBM、XGBoost、RF、K 近邻等 4 种机器学习方法建立管控单元运行风险与宏观交通流参数之间的关系模型,将特征变量输入计算模型中进行模型训练。不同模型的计算结果与真实值对照如图 3-26 所示。

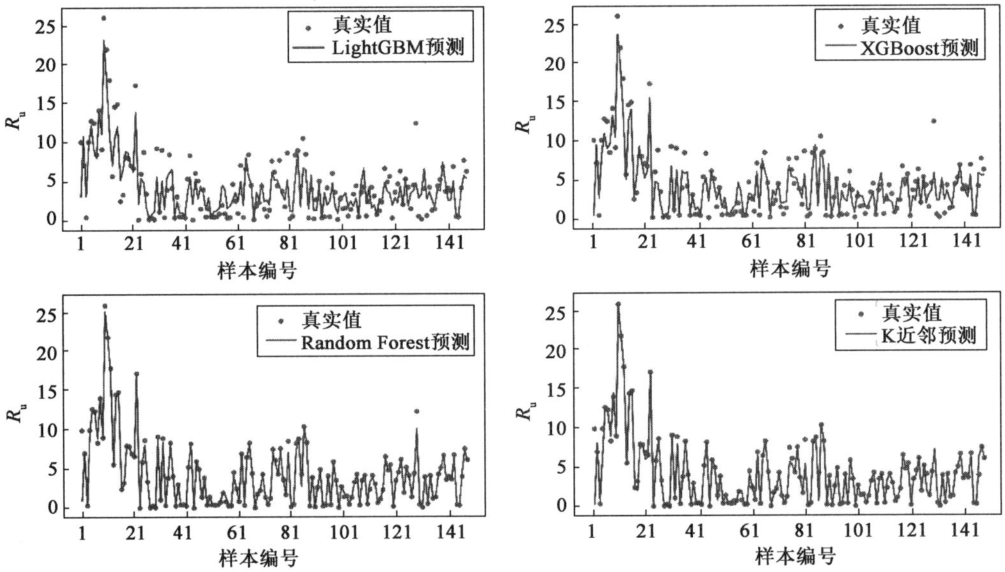

图 3-26　不同模型的计算结果与真实值对照

不同模型的计算误差如图 3-27 所示。结果均表明在进行管控单元运行风险计算时,随机森林(RF)的计算性能最好,可采用 RF 的方法建立管控单元运行风险与宏观交通流参数之间的关系模型。

3.3.1.2　交通流参数预测方法

根据预测周期,可将交通流参数预测划分为 3 类:短临预测、短期预测以及长时预测。短临预测是指对微观车辆运动状态在“秒级”范围内的预测;短期预测是指运用历史和当前的交通流数据,预测下一个 30min 内的交通流参数;长时预测是指运用历史和当前的交通流参数,预测下一个 30min 到 1 天或者 1 周内的交通流参数。由于高速公路交通运行风险管控需要以高时效性的交通流参数为依据,且事故发生前 30min 的交通流参数包含了导致交通事故的风险信息,因此选择对交通流参数进行30min内的短期预测。

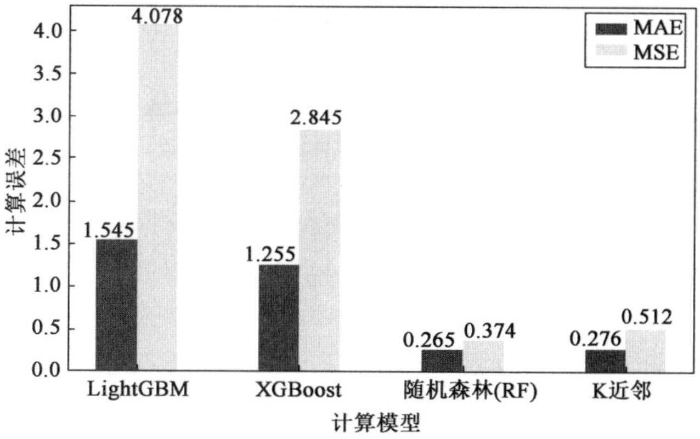

图3-27 不同模型在进行管控单元运行风险计算时的误差比较

从变量构成角度,时间序列分析可分为一元时间序列分析和多元时间序列分析;从计算方法角度,时间序列分析方法可分为时域分析法和频域分析法。其中,一元时间序列的时域分析法主要从序列自相关角度揭示序列发展规律,通过建立数学模型描述序列值之间的相关关系,预测序列未来走势,具有操作规范、计算简便、实用性强等特征,所以本书选用一元时间序列的时域分析法对交通流参数进行预测。

任何时间序列x_t均可看作季节周期变化S_t、长期趋势发展T_t、短期随机波动I_t三个特征的组合,即$x_t=f(S_t,T_t,I_t)$。序列包含的信息越多,所建立的描述模型越复杂。为了充分提取观察值序列中的有效信息,需要对序列进行逐层分解、组合。求和自回归移动平均模型(ARIMA)为周期和季节差分运算与自回归移动平均模型(ARMA)的组合,是最常用的一元时间序列建模方法,其中ARMA为拟合平稳序列的模型,是p阶自回归模型(AR)和q阶移动平均模型(MA)的有机结合。本书选用ARIMA模型对交通流参数进行预测。

根据ARIMA的建模思路,绘制交通流量时间序列自相关系数(ACF)和偏自相关系数(PACF)随滞后阶数的变化,并以2倍标准差作为置信度上下限,结果如图3-28所示。

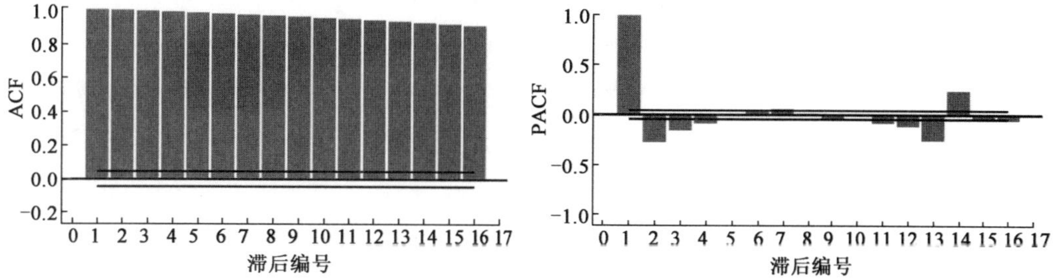

图3-28 交通流量时间序列ACF和PACF随滞后阶数的变化

图3-28表明,序列自相关系数和偏自相关系数均存在超出置信度上下限的情况,表明该交通流量时间序列是具有以天为周期的周期性和短期相关性的非平稳序列,需要采用非平稳序列的随机分析方法进行分析。

使用差分分析对原数据进行稳定性处理,选择差分阶数最小时的平稳序列作为模型差分阶数。交通流量差分后的序列时序图如图 3-29 所示,表明差分后的序列为平稳白噪声序列。

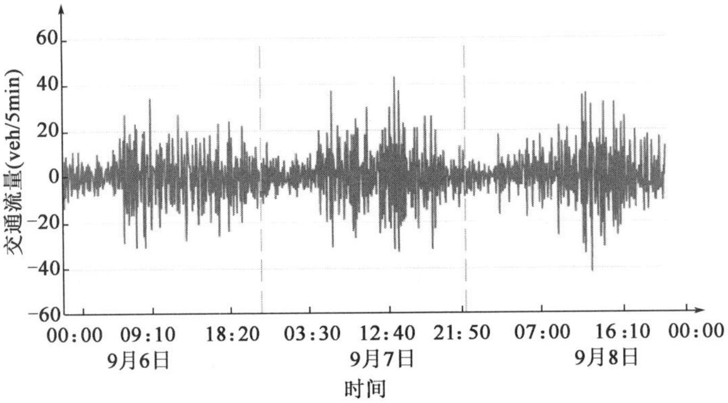

图 3-29 原始交通流量数据差分后时序图

按照 ARIMA 模型的定阶原则确定模型结构,基于 AIC 信息准则自动寻找最优模型参数,得到 ARIMA(p,d,q)的模型结构为 ARIMA(2,1,1)。ARIMA(2,1,1)模型参数检验结果见表 3-6,表明在显著性水平 α 等于 0.05 的条件下,当 LB 统计量的延迟期数小于 18 期[预测时间位于 90min(5min × 18)以内]时,错误拒绝"模型残差为白噪声序列"原假设概率的 P 值(统计检验概率值),显著大于显著性水平 α,说明应接受原假设,即该模型显著有效。同时,模型的拟合优度 R^2 等于0.889,模型的拟合效果较好。

交通流量时间序列 ARIMA 模型参数检验表 表 3-6

ARIMA(2,1,1)模型检验表		
项	符号	值
残差自由度	Df Residuals	859
样本数量	N	864
LB 统计量	LB6(P 值)	0.001(0.980)
	LB12(P 值)	1.719(0.944)
	LB18(P 值)	19.002(0.088*)
	LB24(P 值)	36.751(0.006***)
	LB30(P 值)	44.833(0.006***)
信息准则	AIC	6180.159
	BIC	6203.962
拟合优度	R^2	0.889

注:***、* 分别代表 1%、10% 的显著性水平。

根据上述分析过程,得到交通流量时间序列预测模型的系数、标准差、T 检验结果等参数,见表 3-7。交通流量时间序列 $y(t)$ 的预测模型为:$y(t) = -0.003 - 0.216 \times y(t-1) - 0.115 \times y(t-2) - 0.627 \times \varepsilon(t-1)$,式中 $y(t-1)$ 为 $t-1$ 时刻的交通流量;$y(t-2)$ 为 $t-2$ 时刻的交通流量;$\varepsilon(t-1)$ 为 $t-1$ 时刻的计算误差。

交通流量时间序列预测模型参数检验表(veh/5min)　　表 3-7

变量	系数	标准差	t 值	$P>\|t\|$
截距	-0.003	0.083	-0.042	0.996
$y(t-1)$,ar. L1. D. Flow	-0.216	0.052	-4.154	0
$y(t-2)$,ar. L2. D. Flow	-0.115	0.045	-2.587	0.01
$\varepsilon(t-1)$,ma. L1. D. Flow	-0.627	0.042	-14.871	0

注:ar. L1. D. value 中,“ar”代表自回归(Autoregression),“L1”表示 lag 为 1,也就是使用了前一期的数据作为自变量,“. D”表示进行了一阶差分,即时间序列在建模前进行了一次差分操作,以使其平稳。Flow 是因变量的名称,表示这个系数对应的是因变量的变化。

ar. L2. D. value 中,“ar”代表自回归(Autoregression),“L2”表示 lag 为 2,也就是使用了前两期的数据作为自变量,“. D”表示进行了一阶差分,即时间序列在建模前进行了一次差分操作,以使其平稳。Flow 是因变量交通流量,表示这个系数对应的是交通流量的变化。

ma. L1. D. Flow 中,“ma”代表移动平均(Moving Average),“L1”表示 lag 为 1,也就是使用了前一期的数据作为自变量,“. D”表示进行了一阶差分,即时间序列在建模前进行了一次差分操作,以使其平稳。Flow 是交通流量的名称,表示这个系数对应的是交通流量的变化。

由此得到每间隔 5min 的 6 条断面交通流量数据预测结果,见表 3-8。当实测交通流量波动较小时,模型预测精度在 90% 以上;但当交通流量波动范围较大时,模型预测结果的误差率变大。该时间序列的原始数据、模型拟合结果、模型预测结果如图 3-30 所示。

交通流参数时间序列预测结果　　表 3-8

阶数(时间)	实测结果	预测结果	误差率(%)
1	23	23.67	2.91
2	23	24.187	5.16
3	23	25.14	9.30
4	27	24.87	7.89
5	14	24.81	77.21
6	27	24.85	7.96

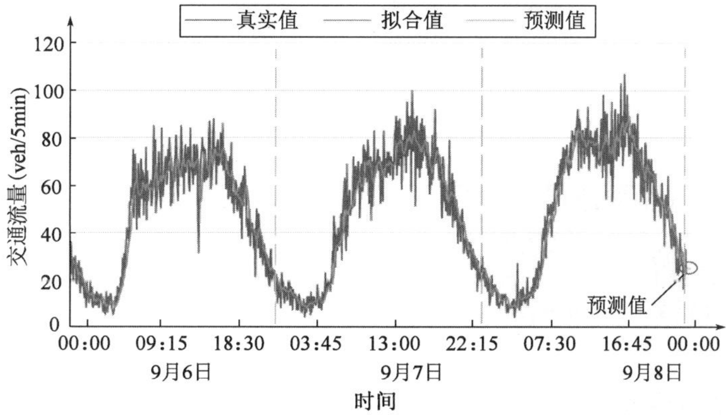

图 3-30　交通流量时间序列预测结果

按照上述方法,可实现对管控单元平均流速、车辆数、平均加速度、平均车头间距等交通流参数的预测。当每间隔 5min 有新数据生成时,用新的交通流数据替换原时间序列的第一个数据,对时间序列以及序列预测模型进行更新,动态预测未来 30min 管控单元交通流参数。

将预测得到的管控单元各时刻平均交通流速、车辆数、平均加速度、平均车头间距等交通流参数代入管控单元运行风险与宏观交通流参数关系模型,即可得到未来 30min 管控单元运行风险时间序列预测结果。

3.3.2 路段运行风险预测

根据路段运行风险的定义,如果仅由管控单元运行风险预测结果进行路段运行风险计算,则不能获得路段运行风险在空间层面的变化过程,不利于在风险传播过程中进行风险管控。因此,需要根据风险传播理论,进行路段运行风险预测。

按照行车风险的计算方法,当组成交通流的车辆运动状态均质统一时,表明车辆之间的相对运动状态为零,几乎不存在行车风险;当组成交通流的车辆频繁加减速、换道时,车辆之间的相对运动状态变化较大,引发车辆换道和跟驰碰撞冲突的风险剧增。车辆相对运动状态的变化导致行车风险的变化,驾驶行为的传递引发行车风险的传导。

在高密度交通流中,低速车辆对当前车道后车的驾驶行为产生干扰,导致拥堵队列的形成以及驾驶行为的传递,形成拥堵波或疏散波的传播。管控单元运行风险是管控单元内所有存在碰撞冲突车辆的行车风险的加权和,驾驶行为的传递终将引发管控单元运行风险的变化,以及管控单元运行风险在路段内的传播。

如果在车队中没有形成交通波的传播,路段内各车的运动状态相对独立,局部车辆行车风险的变化对路段运行风险变化产生的影响较小,可认为未来时刻路段运行风险与实时运行风险的监测结果相同;如果在车队中存在交通波的传播,交通波波面处的车辆相对运动状态发生变化,行车风险发生变化,因此可认为车流波占用过的管控单元以及路段运行风险发生变化。建立基于交通波传播理论的路段运行风险预测方法,可以揭示路段运行风险的时空变化过程,为进行路段运行风险管控提供更详细的决策依据。

当车辆之间的相对运动状态发生变化并导致管控单元运行风险被触发时,上游车辆将通过换道以选择安全车道行驶,引起横向相邻管控单元运行风险也发生变化。相较于纵向距离,高速公路横向宽度较小,当在某一车道形成交通波的传播时,同一断面其他车道也将很快形成交通波的传播。因此,当管控单元运行被触发时,认为该时刻横向相邻的其他管控单元运行风险也被触发,且其初始风险等级相同。

基于风险传播理论的路段运行风险预测模型包括构建基于马尔可夫链的管控单元运行风险转移概率矩阵、基于交通流波动理论的风险转移时间预测方法两个步骤。

3.3.2.1 管控单元运行风险转移概率

不同管控单元的运行风险可以抽象为沿道路纵向、随道路空间变化的特征向量,将其处理为运行风险在连续道路空间变化的离散马尔可夫过程。假定交通波形成位置处的管控单元 u_0 的运行风险为 R_{u_0},其上游相邻管控单元 u_1 的运行风险为 R_{u_1},u_1 的运行风险 j 与 u_0 下游管控单元的运行风险 $R_{u_{-n}}$ 无关。由 u_0 的运行风险 i 转移至 u_1 的运行风险 j 的转移概率计算方法,如式(3-17)所示。

$$P[R_{u_1}=j \mid R_{u_0}=i,R_{u_{-n}}=r,n=1,2,\cdots]=P[R_{u_1}=j \mid R_{u_0}=i] \tag{3-17}$$

不同程度的运行风险转移概率与道路和交通环境有关,设 $R(u_1(j) \mid u_0(i))$ 表示管控单元 u_0 和 u_1 之间发生风险转移的条件概率,由此得到风险转移的全概率公式,如式(3-18)所示。

$$\sum_{j\in\Omega}R(u_1(j) \mid u_0(i))=1 \tag{3-18}$$

式中:Ω——管控单元 u_0 形成的所有可能的风险集合;

R——由管控单元 u_0 发出的,初始状态为 i 的风险转移条件概率。

交通运行风险的演化通常是一个“量变引起质变”的过程,受交通环境变化及车辆之间驾驶行为传递的影响,管控单元运行风险逐渐增加。当受影响的车辆“溢出”某一个管控单元,并对相邻管控单元内的车辆运动状态也产生影响时,即在管控单元之间形成运行风险的传播,从而引发路段运行风险发生变化。采用统计分析方法对相邻管控单元运行风险的转移概率进行研究,可为建立基于波动理论的路段运行风险预测模型提供理论基础。

马尔可夫模型的基本假设为在有限维状态空间 $E=\{1,2,\cdots,n\}$ 中,相邻管控单元之间的运行风险从状态 i 转移到状态 j 的概率是 P_{ij},状态转移概率满足 $\sum_j P_{ij}=1,\forall i,j\in E$。利用观测样本 $u_0(i)\to u_1(j)$ 估计风险转移概率矩阵 $\boldsymbol{P}$,当样本量足够大时,由中心极限定理可知,状态转移概率 P 的计算方法,如式(3-19)所示。

$$P\approx P_{ij}=P(R_{u_1}=j \mid R_{u_0}=i) \qquad P_{ij}=S_{ij}/S_i \tag{3-19}$$

式中:S_{ij}——管控单元 u_0 的风险等级为 i 而管控单元 u_1 的风险等级为 j 的样本数;

S_i——管控单元 u_0 的风险等级为 i 的样本总体。

由于管控单元运行风险为连续变量,通过对管控单元运行风险进行分级以将其离散化。当管控单元运行风险被划分为六个等级时,管控单元运行风险 R_{u_0} 的状态空间 $E=\{1,2,3,4,5,6\}$,分别对应六种风险状态。风险的初始状态分布 π 为 $P(R_{u_0}=1)=\frac{1}{a}$,$P(R_{u_0}=2)=\frac{1}{b}$,$P(R_{u_0}=3)=\frac{1}{c}$,$P(R_{u_0}=4)=\frac{1}{d}$,$P(R_{u_0}=5)=\frac{1}{e}$,$P(R_{u_0}=6)=\frac{1}{f}$,且$\frac{1}{a}+\frac{1}{b}+\frac{1}{c}+\frac{1}{d}+\frac{1}{e}+\frac{1}{f}=1$。相邻管控单元运行风险的一步转移概率矩阵如式(3-20)所示。

$$\boldsymbol{P}_{ij}=\begin{array}{c} \begin{array}{cccccc}\text{状态1} & \text{状态2} & \text{状态3} & \text{状态4} & \text{状态5} & \text{状态6}\end{array} \\ \begin{bmatrix} P_{11} & P_{12} & P_{13} & P_{14} & P_{15} & P_{16} \\ P_{21} & P_{22} & P_{23} & P_{24} & P_{25} & P_{26} \\ P_{31} & P_{32} & P_{33} & P_{34} & P_{35} & P_{36} \\ P_{41} & P_{42} & P_{43} & P_{44} & P_{45} & P_{46} \\ P_{51} & P_{52} & P_{53} & P_{54} & P_{55} & P_{56} \\ P_{61} & P_{62} & P_{63} & P_{64} & P_{65} & P_{66} \end{bmatrix} \end{array} \begin{array}{l} \text{状态 1} \\ \text{状态 2} \\ \text{状态 3} \\ \text{状态 4} \\ \text{状态 5} \\ \text{状态 6} \end{array} \tag{3-20}$$

利用马尔可夫模型的随机特征,可以较好地描述在实际交通环境中,由交通流的随机性导致的管控单元运行风险转移概率计算误差。为求解相邻管控单元之间不同风险等级的转移概率,对管控单元运行风险的初始状态分布 π 以及一步转移概率矩阵 $\boldsymbol{P}$ 的标定是关键。

受道路和交通环境影响,管控单元运行风险可能发生变化。根据各管控单元运行风险的历史监测结果,统计管控单元 u_0 中不同等级风险的初始概率分布 π,结果如式(3-21)所示。

$$\begin{cases} P(R_{u_0}=1)=\dfrac{N_1}{N} \\ P(R_{u_0}=2)=\dfrac{N_2}{N} \\ P(R_{u_0}=3)=\dfrac{N_3}{N} \\ P(R_{u_0}=4)=\dfrac{N_4}{N} \\ P(R_{u_0}=5)=\dfrac{N_5}{N} \\ P(R_{u_0}=6)=\dfrac{N_6}{N} \end{cases} \tag{3-21}$$

式中:N——统计时间内包含的间隔为 t 的时段数;

N_i——根据管控单元运行风险等级划分方法,在统计时间内得到的管控单元 u_0 属于不同风险等级的时段数 $i=1,2,3,4,5,6$。

分别计算相邻时刻管控单元 u_0 与 u_1 之间的风险转移概率 $P_{ij}(u_0,u_1)$,$i,j=1,2,3,4,5,6$,共同组成风险转移概率矩阵 $\boldsymbol{P}$,矩阵 $\boldsymbol{P}$ 中共包含 36 种元素。用于相邻管控单元之间运行风险转移概率 $P_{ij}(u_0,u_1)$ 计算的时间间隔,与两个管控单元的纵向距离和交通波的传播波速有关,但应将时间间隔限制在分级以内,防止错过一些持续时间较小的风险转移事件。

在各时间间隔内均可获得两个相邻管控单元之间的风险转移情况。交通波总是由前车向后车传播的,所以在风险传播阶段,管控单元 u_0 的风险等级 i 大于管控单元 u_1 的风险等级 j;在风险消散阶段,管控单元 u_0 的风险等级 i 小于管控单元 u_1 的风险等级 j。

通过一步风险转移概率矩阵,可获得相邻管控单元之间不同风险等级的转移概率 $P_{ij}(u_0,u_1)$。风险在管控单元之间的传播是连续进行的,根据马尔可夫链状态转移方程,从 t_0 时刻风险等级为 i 且发生交通波传播的管控单元 u_0 出发,根据 t 时间后上游相邻管控单元运行风险等级统计结果,计算不同风险等级的转移概率 $P_{ij}(u_0,u_1)$,$j=1,2,3,4,5,6$。由风险转移概率 P_{ij} 的最大值,可确定上游相邻管控单元 u_1 的风险等级 j。

由于纵向各管控单元的长度和交通流运行特征不同,导致相邻管控单元之间的风险转移概率矩阵 $\boldsymbol{P}$ 不同。因此,当管控单元之间发生多步风险转移时,可由管控单元 u_0 的运行风险 i 转移至管控单元 u_1 的运行风险 j 的概率 $P_{ij}(u_0,u_1)$、管控单元 u_1 的运行风险 j 转移至管控单元 u_2 的运行风险 k 的概率 $P_{jk}(u_1,u_2)$、…、管控单元 u_m 的运行风险 x 转移至管控单元 u_n 的运行风险 y 的概率 $P_{xy}(u_m,u_m)$,确定管控单元 u_0 至管控单元 u_n 之间的 n 步风险转移概率矩阵 $P_{ij}(u_0,u_1)P_{jk}(u_1,u_2)L\ P_{xy}(u_m,u_n)$。按照一步转移概率矩阵的计算方法,通过求解 t 时间后 n 步风险转移概率 $P_{iy}(u_0,u_n)$,$y=1,2,3,4,5,6$ 的最大值,可得到经过 n 步转移后的上游管控单元 u_n 的运行风险等级 y。

通过前述研究，可得到因管控单元 u_0 的运行风险 i 的转移，导致上游管控单元 u_1 的运行风险变为 j 的转移概率 $P_{ij}(u_0,u_1)$，以及在上游多个管控单元之间发生多步风险转移的概率计算方法。

3.3.2.2　基于波动理论的路段运行风险预测

基于波动理论的路段运行风险预测认为：当路段内无交通波的形成和传播时，路段运行风险没有发生变化，预测时间内的路段运行风险与实时监测结果相同；当路段内存在交通波的传播时，根据管控单元运行风险的一步和多步转移概率矩阵，得到交通波覆盖范围内各管控单元运行风险随时间的变化，按照路段运行风险的定义完成对路段运行风险的预测。

由相邻管控单元之间随时间变化的一步及多步风险转移概率矩阵，可得到上游相邻管控单元 u_n 在管控单元 u_0 运行风险被触发的 t 时间后的风险等级。因此，基于波动理论的路段运行风险预测，不仅需要预测管控单元运行风险的传播范围和传播状态，而且需要对管控单元运行风险的传播时间进行计算。

当交通流因道路或交通状况的改变引起密度的改变时，在交通流中产生交通波的传播。通过分析交通波的传播速度，以寻求车流流量和密度、速度之间的关系，并描述车流的拥挤-消散过程的理论称为交通流波动理论。在单车道不可压缩车流系统中，描述交通波的三参数为密度 k、流量 q、流速 v。

在车辆运行时间-空间轨迹图中，轨迹线间的垂直距离表示车头间距，统计单位距离内的轨迹线数量，即可得到交通流密度 k，根据某时刻所有车辆的速度可对空间平均车速 v_s 进行计算。轨迹线间的水平距离表示车头时距，统计单位时间内的轨迹线数量，即可得到交通流量 q；根据单位时间内经过某道路断面的车辆速度可得到时间平均车速 v_t，由此获得交通流三参数流量 q、密度 k、流速 v。

不同交通流密度的分隔面称为交通波面，假设高速公路交通流属于流量-密度-速度三参数为 (q_i,k_i,v_i) 的均匀稳定流，受车流中混入低速车辆影响，形成了以低速车所在位置 X_1 为波源、波速为 W_a 的集结波，在集结波波面上游形成三参数为 (q_r,k_r,v_r) 的集结流。低速车驶离队列后拥堵车流疏散，形成以低速车驶离位置 X_l' 为波源、波速为 W_b 的消散波，在消散波波面上游形成三参数为 (q_p,k_p,v_p) 的消散流，消散流流速、流量大于集结流，密度小于集结流。当消散波 W_b 与最开始形成的集结波 W_a 相遇时，交通流恢复至正常状态。集结波 (W_a) 与消散波 (W_b) 导致的交通状态变化过程如图 3-31 所示。

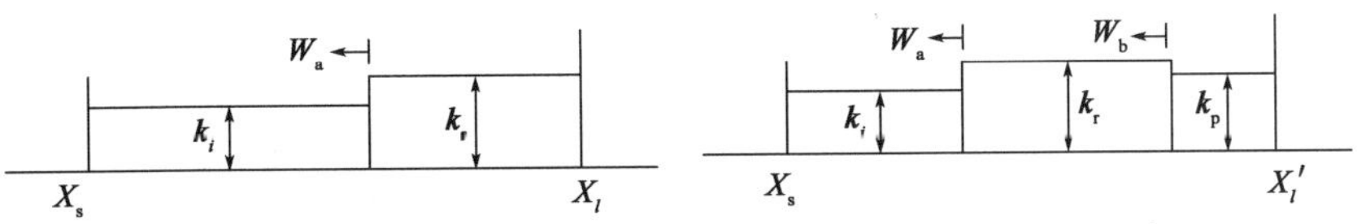

a)集结波 W_a　　b)消散波 W_b

图 3-31　交通波形成及消散过程示意图

图中 X_1 为集结波形成波源位置，X_1' 为消散波形成波源位置。当由于某道路断面通行能力降低造成交通波的形成和传播时，X_1 与 X_1' 相同。

已知管控单元运行风险被触发的时刻为 t_0,风险被触发的管控单元所在的位置桩号为 x,风险经过 n 步转移至上游管控单元 u_n 的位置为 $x + \mathrm{d}x_n$,通过求解交通波传播 d_{xn} 所需要的时间 t,即可完成对路段运行风险的预测。d_{xn} 为管控单元 u_n 至风险被触发的管控单元 u_0 之间的距离。

车辆运行轨迹发生转折代表车辆运动状态的变化,在高密度交通流中由行车轨迹转折引发的驾驶行为传递,并导致交通波以及运行风险在管控单元之间传播的理论图解如图 3-32 所示。

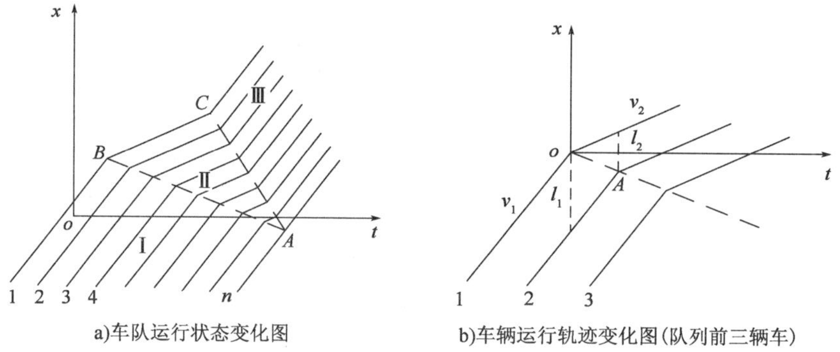

图 3-32　车辆运行轨迹时空图

以交通波形成并开始传播的时刻为 t_0,事件清除后交通波开始消散的时刻为 t_1,在 $t_0 \sim t_1$ 时段内集结波向道路上游进行传播,在 t_1 时刻事发断面消散波形成并向道路上游进行传播。当消散波 W_b 与集结波 W_a 在 t_2 时刻相遇时,路段运行风险的传播距离 L 达到最大。路段运行风险传播距离的计算方法,如式(3-22)所示。

$$L = W_\mathrm{a} \times (t_2 - t_0) = W_\mathrm{b} \times (t_2 - t_1) \tag{3-22}$$

式中,集结波的形成时间 t_0 可通过交通状态检测获得,消散波 t_1 的形成时间可根据事件属性进行预测。n 步风险的转移距离 d_{xn} 小于或等于路段运行风险的传播距离 L。

根据车流波动理论,前后两种车流状态的流量差和密度差的比值即为集散波波速。集散波总是由前车向后车传播的,前一种交通流速为 v_1、密度为 $K_1\left(\text{对应的车头间距为} l_1 = \dfrac{1}{K_1}\right)$ 的交通状态转变到交通流速为 v_2、密度为 $K_2\left(\text{对应的车头间距为} l_2 = \dfrac{1}{K_2}\right)$ 的交通状态时,形成的交通波波速 W 的计算方法,如式(3-23)所示。

$$W = \frac{Q_1 - Q_2}{K_1 - K_2} = \frac{K_1 v_1 - K_2 v_2}{K_1 - K_2} = \frac{\dfrac{v_1}{K_2} - \dfrac{v_2}{K_1}}{\dfrac{1}{K_2} - \dfrac{1}{K_1}} = \frac{l_2 v_1 - l_1 v_2}{l_2 - l_1} \tag{3-23}$$

假定交通流为均质稳定流,通过测量上游管控单元 u_1 的到达交通流速 v_1 以及车头间距 l_1,下游风险被触发的管控单元 u_0 的交通流速 v_2 以及车头间距 l_2,即可得到两者之间的交通波

传播波速 W。因此，管控单元 u_0 处的运行风险传播至管控单元 u_1 所需要的时间 t 的计算方法，如式(3-24)所示。

$$t = \frac{d(u_0, u_1)}{W} = \frac{d(u_0, u_1)(l_2 - l_1)}{l_2 v_1 - l_1 v_2} \tag{3-24}$$

式中：$d(u_0, u_1)$——集散波在两个管控单元之间的传播距离。

为了提高计算准确率，集散波在风险触发管控单元内的传播距离，为集散波形成断面至与上游相邻管控单元边界点之间的距离；集散波的最远传播距离，可由式(3-22)进行计算。

基于马尔可夫链的管控单元运行风险转移概率矩阵和波动理论的风险转移时间计算方法，可得到 t_0 时刻风险等级为 i 的管控单元 u_0，其上游管控单元 u_1 在 $t_0 + t$ 时刻的运行风险属于 j 的概率 $P_{ij}(u_0, u_1)$。相邻管控单元之间的风险转移是一个概率问题，所以最终计算结果为管控单元 u_1 的运行风险在 $t_0 + t$ 时属于 j 级的概率为 $P_{ij}(u_0, u_1)$，$j = 1, 2, \cdots, 6$。根据历史统计结果得到对应时刻此概率的最大值，即可确定上游相邻管控单元的风险状态。

按照上述方法，得到由交通波传播引起的不同时刻上游各管控单元运行风险的转移概率、交通波传播至上游各管控单元的时间以及传播范围等参数。根据路段运行风险定义，由交通波覆盖范围内所有管控单元运行风险的预测结果，可确定路段运行风险在时空范围内的变化，为制定并发布路段运行风险管控方案提供决策依据。

3.3.3　路网运行风险预测

路网运行风险是通过路网中所有路段运行风险与各路段长度占路网总长度比值的加权和计算得到的，是对宏观道路安全状态的监测。由路段运行风险预测方法得到路网内所有路段运行风险的预测结果，结合路网运行风险定义，可实现对路网运行风险的预测。

在集结波传播阶段，车辆之间的相对运动状态差异较大，引发跟驰和换道碰撞冲突的行车风险增加，路段运行风险增大；在拥堵队列内部车辆紧密跟驰行驶，交通流处于走走停停的异常行驶状态，但跟驰车辆相对运动状态差异较小，此时的行车风险较车辆刚加入拥堵队列时降低，所以拥堵状态下的路段运行风险小于集结波传播过程中的路段运行风险；在消散波传播阶段，前车的加速行为依次传递给后车，车辆之间的车头间距增加，发生碰撞冲突的风险降低，但后车的急加速仍可能导致与前车的跟驰冲突风险。

根据集散波形成及传播阶段路段运行风险的变化以及路网运行风险计算方法，可知路网运行风险在集结波传播阶段 > 拥堵缓行阶段 > 消散波传播阶段 > 正常运营阶段。在风险触发—积聚—传播—消散的演化过程中，路网运行风险均高于高速公路正常运营阶段，因此需要加强对交通运行风险演化过程中的全流程风险管控。

3.4　本章小结

本章面向高速公路风险监测与管控的应用需要，将高速公路划分为管控单元、路段、区域路网等不同尺度的研究对象。按照高速公路通行路权、交通检测与信息发布设施分布等，建立了高速公路管控单元划分方法和管控单元属性表征方法。

根据车辆间的跟驰和换道碰撞冲突,建立了行车风险的计算方法。以行车风险监测结果为基础,由管控单元内存在碰撞冲突车辆的行车风险的加权和,得到管控单元运行风险。按照风险等级大于或等于五级的管控单元数量占路段中所有管控单元数量的比例,对路段运行风险进行计算。由路段运行风险的加权和得到路网运行风险,建立了不同尺度交通运行风险的监测方法。

根据管控单元运行风险和宏观交通流参数监测结果,建立了管控单元运行风险与交通流参数之间的关系模型,通过对宏观交通流参数的预测实现对管控单元运行风险的预测。根据管控单元运行风险在路段内的传播,建立了基于马尔可夫状态转移方程和交通流波动理论的路段运行风险预测方法。由路段运行风险预测结果和路网运行风险定义,进行了路网运行风险预测,形成了不同尺度交通运行风险的预测方法。

第4章

路网交通诱导与信息发布

在既有交通需求和路网容量下，通过路径诱导方法来规避大面积区域拥堵，实现交通流的合理分布，提高道路利用率，是交通管理者最为青睐的策略。路径诱导是一种跨时域、跨空域的交通措施，通过多方式、多主体对交通出行行为在出行前、出行中进行交通诱导，可满足多种人群对路径诱导信息的需求，通过多种方式对交通参与者进行引导，促进交通需求在时空上均衡分布。

4.1 高速公路网路径诱导策略

随着科学技术的发展、道路现代化进程的推进和实时交通数据采集手段的进步，路径诱导已经从早期的静态路径诱导向逐渐完善的动态路径诱导发展。静态路径诱导在实际应用中只能为出行者提供简单的地理信息，不能反映实时的道路交通运行状况，因此已经逐渐被动态路径诱导所取代。动态路径诱导基于实时交通运行状况为道路使用者提供最优路径，符合居民对出行水平的更高需求。

路径诱导系统研究的起点是美国在20世纪60年代展开的电子路径诱导系统（Electronic Route Guidance System，ERGS）项目，ERGS采用静态路径诱导策略。随后，美国先后展开了Trav Tek，ADVANCE、TravInfo、TRANSGUID等动态路径诱导系统的研究，为出行者提供以地理信息系统（Geographic Information System，GIS）为基础的包括道路速度、行程时间、绕行策略等全方位的交通信息服务。日本对交通诱导系统的开发和应用也处于世界发展前列，道路交通信息系统（Vehicle Information and Communication System，VICS）是世界上第一个在全国范围内进行统一交通信息服务的通信系统，随后建立的城市交通管理系统（Urban Traffic Management Systems，UTMS）中的动态路径诱导系统（Dynamic Route Guidance System，DRGS）是全球首次中心式路径诱导系统的应用实践。除了美国和日本外，欧洲各国也展开了大量交通诱导方面的研究。英国的Traffic Master是世界上第一个商用车载路径诱导系统。德国基于LISB（Lei-tand Information System Berlin）开发的Euro-Scout是基于红外信标通信的路径诱导，但存在红外信标投资过大的缺陷。同时,基于 ALERT-C 协议的交通数据频道 RDS-TMC(Radio Data System-Traffic Message Channel)已经向英国、意大利等多个欧洲国家开通服务,向用户提供交通事故、交通堵塞等信息。我国对交通诱导系统的研究起步较晚,我国第一个动态路径诱导项目是由吉林工业大学带头研发的城市交通流诱导系统(Urban Traffic Flow Guidance System,UTFGS),该系统由交通信息中心、数据通信系统、车载导航系统和信息服务系统四个功能模块组成。近年来,由于电子地图的推广,高德、腾讯等公司也相继在电子地图上提供了动态最优路径。

国内外一些学者也对动态路径诱导系统进行深入研究。早在 1999 年,杨兆升等人将交通流诱导分为单车诱导和可变信息标志诱导,指出了诱导信息、路网信息、全球定位系统(Global Positioning System,GPS)定位信息等 14 个研究内容作为参考,提出了我国路径诱导信息系统的构想。周元峰基于驾驶员路径选择行为数据,提出动态绕行效率的概念作为路径选择的评判指标。从路径选择效益的角度,提出了基于诱导管理者-出行用户的双层规划方法的交通流量诱导方案以改善路网状态。Wahle J 等人提出了一个基于先进出行者信息系统(Advanced Traveler Information System,ATIS)的实时交通数据补充的动态路径诱导系统,作者将路径优化问题看成多准则问题,引入模糊集理论构建了动态模糊路径引导系统,且该系统可根据驾驶员偏好进行调整。

在交通数据量和道路交通复杂的情况下,夏立民为提高全局搜索优势和路径选择效率,运用蚁群算法建立了一种动态最优路径选择算法。Jahn G 等人使用外周视觉任务检测法(Peripheral Detection Task,PDT),记录了驾驶员的主观负荷评分以及生理指标,如心率、心率变异性作为参考对不同车载导航系统的认知负荷进行评估。靳引利提出了高速公路网内交通事件影响下基于交通状态预测的诱导信息发布策略,引入负荷水平的概念作为路网内分流路径分流量的依据,提出闭环柔性控制方法使实际交通流遵循诱导系统期望。刘庆法利用基于决策者-道路使用者的双层规划模型分析路网交通流特征并计算路网容量,建立了基于路网交通流特性的高速公路网交通流平衡模型,并提出了主线控制、匝道控制方法及容错技术下的路径诱导模型以提升高速公路网容量。Khosroshahi A H 等人提出了一种车载自组网(VANET)、车载通信(IVC)和车载设备通信(VRC)结合的道路实时信息采集方案,定义了成本函数的概念并将其引入最优路径搜索算法,同时引入信息的不确定性和有效性以提高诱导精度。谷健构建了一种基于 RFID 数据的交通模拟框架获取交通流特性参数,利用模糊综合评判方法进行交通状态判别,提出一种基于交通状态判别的诱导路径搜索算法,可以实现对交通路网内最短路径的动态搜索,为制定动态诱导路径提供参考。王钰提出了一种基于实时轨迹数据的交通状态估算和预测方法,利用 HaLoop MapReduce 框架建立了动态路径诱导模型,并构建了基于大数据平台架构的海量 GPS 数据的动态路径诱导系统。费文鹏基于冲击波模型,分析上下游交通流随拥堵传播的变化规律,量化不同道路等级下的交通流特征和路段属性差异,构建了突发事件下的网络化拥堵传播模型,并以 GIS 平台为媒介,实现了拥堵消散模型与动态路径诱导的融合,建立了突发事件下拥堵传播消散规律预测的动态路径诱导方法。杨君结合 VISSIM 仿真确定突发事件下的路网影响范围,结合线性模型下的交通波方程提出了交通诱导的技术路线,以沿海高速公路为例制定了相应的交通诱导信息预案库。刘敏构建了灾害天气下山区高速公路信息系统,采用路网畅通可靠度构建山区高速公路管理模型,研究提出了灾害天气下的交通分流原则和最优绕行路径并开发出相应的路网信息系统软件。仝倩基于事件影响度及扩散性提出了突发事件下城市道路阻抗修正模型，以系统最小出行费用为目标函数，以动态出行阻抗和瞬时流量为变量，建立突发事件下的系统最优的动态交通分配模型，并通过 TransCAD 进行突发事件下的应急交通分配仿真试验，验证了该模型的有效性。

4.1.1 路径诱导策略模型

路径诱导的本质是实现特定路网运行状态下的交通流重分布，路径诱导策略与实时路网交通分配状态之间存在着密切关系：路网中交通分配的结果影响着诱导策略的形成，而诱导信息的发布同时又影响着路网交通流的分配情况。路径诱导原则总体上分为系统最优原则（System Optimization，SO）和用户最优原则（User Equilibrium，UE）。SO 和 UE 分别代表着系统管理者和驾驶员各自的利益，二者在大部分情况下是相悖的。SO 是指交通管理者在制定诱导策略时以系统最优为原则，追求路网总的成本最小、社会经济效益最大化，其目标代表了全体出行者及系统的整体利益；UE 是指驾驶员在路径选择时以用户最优为原则，追求自身出行成本最小、自身效用最大化。在大部分情况下，驾驶员从自身利益出发的行为会导致系统利益的下降，此时管理者希望通过牺牲少部分个体驾驶员的利益来提高整个系统的利益。

交通管理者与驾驶员之间相互牵制、相互影响的过程实质上是一种典型的 Stackelberg 博弈过程。交通管理者掌握整个路网的交通运行情况，根据交通量的分布数据制定路径诱导策略，自上而下地对驾驶员的路径选择行为实施引导。驾驶员参考路径诱导信息并结合自身的出行经验，在自己可控的范围内实施路径选择。交通管理者的决策与驾驶员的决策存在从属地位，管理者的决策目标具有全局性，而驾驶员的决策目标又会影响到管理者的目标能否实现。此外，驾驶员与管理者相互之间的行动具有先后顺序，后行动的一方能够观察到先行动一方的行为。

双层规划数学模型可以准确地描述 Stackelberg 博弈问题，该模型具有上、下两层优化结构，各自具有目标函数、决策变量及约束条件，上层问题的决策目标一般带有全局性，通过决策结果影响下层问题的决策目标；下层问题将上层的决策作为目标函数的参数，在下层范围内根据决策的目标函数进行自由决策。在路径诱导策略的双层规划模型中，上层规划问题代表交通管理者的决策行为，下层规划问题代表下层驾驶员在管理措施下的决策行为，上层管理者的决策影响下层用户的行为，而下层用户的反映部分地影响上层管理者的决策。

综合考虑道路网、道路管理者和道路使用者的共同利益，应用双层规划模型、交通均衡模型、随机选择模型、多目标决策和智能优化算法等方法系统地研究路径诱导策略的优化理论与方法。在构建路径诱导策略模型时，将交通管理者视为上层决策者，根据历史和当前的交通运行状态数据制定有利于提高系统整体效益的诱导信息，其目标在于以尽可能少的系统运行维护成本，保证路网中所有交通量总出行时间最短。将驾驶员视为下层决策者，以对路段阻抗的感知能力及路径选择行为为基础，进行 OD 对之间各路径流量的重新分配。在该种策略下，上层决策者（交通管理者）的目标实现最优，同时作为上层决策约束的下层决策者（驾驶员）的目标在从属位置上也相应达到最优。

4.1.1.1 交通网络定义

定义交通网络 $G=(N,A)$ 为一个多起讫点强连通的交通网络,其中 N 为网络中所有节点的集合,A 为网络中所有路段的集合,引入如下变量。

P——所有路径的集合;

R——产生交通量的起始节点的集合,$R\subseteq N$;

S——吸收交通量的终讫节点的集合,$S\subseteq N$;

r——表示一个起始节点,$r\in R$;

s——表示一个终讫节点,$s\in S$;

P_{rs}——OD 对(r,s)间的所有路径集合;

k——表示一条路径,$k\in P_{rs}$;

a——表示一条路段,$a\in A$;

q_{rs}——OD 对(r,s)间的交通流量;

f_{rs}^{k}——OD 对(r,s)间的路径 k 上的交通流量;

x_a——路段 a 上的交通流量;

C_{rs}^{k}——OD 对(r,s)间的路径 k 上的感知阻抗;

c_{rs}^{k}——OD 对(r,s)间的路径 k 上的实际阻抗;

ξ_{rs}^{k}——OD 对(r,s)间的路径 k 上的误差阻抗;

T_a——路段 a 上的感知阻抗;

t_a——路段 a 上的实际阻抗;

ε_a——路段 a 上的误差阻抗;

p_{rs}^{k}——OD 对(r,s)间的路径 k 被选择的概率;

δ_{rs}^{ak}——路段 a 在 OD 对(r,s)间的路径 k 上时,$\delta_{rs}^{ak}=1$,否则为 0;

l_a——路段 a 的长度;

φ_a——车在路段 a 上行驶的基本费率。

4.1.1.2 交通系统上层规划模型

对于交通管理者而言,路径诱导决策是多目标决策问题,既要保证系统中总的出行时间最短,同时还要保证路径诱导系统的建设和运营成本最低。按照驾驶员对路径诱导信息的视认性及识别能力,将路径诱导策略分为两级。考虑到交通系统中所有出行者总的出行时间既包括了车辆的行驶时间,也包括了在行驶过程中由于交通拥堵、交通事故等原因造成的延误,而行程时间既能反映出行活动的固有属性(如出行距离、路径的道路几何线性等),同时又能反映出行过程中道路网络的交通运行状态,因此,上层规划模型以系统总行程时间和路径诱导系统建设运营成本最小为优化目标,建立上层规划模型,见式(4-1)。

$$\begin{cases}\min F=\sum\limits_{a\in A}x_a t_a+\sum\limits_{i\in N}\mu_i[\rho+\beta\theta_i+\gamma(1-\theta_i)]\\ \sum\limits_{l}f_{rs}^{l}=q_{rs}\\ x_a=\sum\limits_{r}\sum\limits_{s}\sum\limits_{k}f_{rs}^{k}\delta_{rs}^{ak}\\ f_{rs}^{k}\geqslant 0\end{cases}\tag{4-1}$$

式中：θ_i——决策点 i 处的诱导策略，$\theta_i = 0$ 表示一级诱导，$\theta_i = 1$ 表示二级信息诱导；

β——一级诱导策略的广义成本；

γ——二级诱导策略的广义成本。

4.1.1.3　用户下层规划模型

用户下层规划模型基于随机用户均衡分配（Stochastic user equilibrium，SUE）进行构建，即交通网络中每个出行者都认为自己所选择的路径是“阻抗”最小的路径，再没有出行者相信能依靠单方面改变路径而减少其阻抗。出行者对路网的了解程度不一，对路径的感觉状况也不相同，每个出行者对路径的感知阻抗与实际阻抗之间存在误差性，这个误差是一个随机变量，服从一定的概率分布，并且每个出行者均选择自己认为的感知阻抗最小的路径。感知阻抗可分为路段感知阻抗和路径感知阻抗。路段感知阻抗是路段实际阻抗与路段误差阻抗之和，路径感知阻抗是路径实际阻抗与路径误差阻抗之和，路段感知阻抗见式(4-2)，路径感知阻抗见式(4-3)。

$$T_a = t_a + \varepsilon_a \tag{4-2}$$

$$C_{rs}^k = c_{rs}^k + \xi_{rs}^k \tag{4-3}$$

约束条件如下。

（1）OD 对（r,s）间路径 k 的阻抗被相信是最小的概率等价于该条路径被选择的概率，见式(4-4)。

$$p_{rs}^k = Pr\ (C_{rs}^k \leqslant C_{rs}^l) \tag{4-4}$$

（2）路径-OD 流量约束：如果 OD 对（r,s）间出行人数很多，则p_{rs}^k可视为选择路径 k 的人数占总人数的百分比，此时路径流量见式(4-5)。

$$f_{rs}^k = q_{rs}\, p_{rs}^k \tag{4-5}$$

（3）路段-路径流量约束：路段和路径间存在流量的恒等约束，即在一个路段上，对于所有通过该路段的路径，其流量之和等于该路段的流量，见式(4-6)。

$$x_a = \sum_r \sum_s \sum_k f_{rs}^k \delta_{rs}^{ak} \tag{4-6}$$

（4）路段流量和路径流量的非负约束，见式(4-7)。

$$x_a \geqslant 0, f_{rs}^k \geqslant 0 \tag{4-7}$$

由于感知误差阻抗ξ_{rs}^k是一个随机变量，服从一定的概率分布，一般采用 Logit 或 Probit 模型作为随机模型。建立基于 Logit-SUE 的用户下层规划模型，此时误差项ξ_{rs}^k是独立同分布的、服从 Gumbel 分布的随机变量，路径 k 选择概率可用 logit 模型描述见式(4-8)。

$$p_{rs}^k = \frac{\exp(-\theta\, c_{rs}^k)}{\exp(-\theta\, c_{rs}^l)} \tag{4-8}$$

此时，基于 Logit-SUE 的用户下层规划模型见式(4-9)。

$$\begin{cases} (P\,\text{Ⅱ})\min Z(f) = \dfrac{1}{\theta}\sum_r \sum_s \sum_k f_{rs}^k \ln f_{rs}^k + \sum_{a \in A}\int_0^{x_a} t_a(w)\,\mathrm{d}w \\ \sum_l f_{rs}^l = q_{rs} \\ x_a = \sum_r \sum_s \sum_k f_{rs}^k \delta_{rs}^{ak} \\ f_{rs}^k \geqslant 0 \end{cases} \tag{4-9}$$

4.1.1.4 路网-驾驶员双优的路径诱导策略模型

综上所述,基于双层规划模型,构建路网-驾驶员双优的路径诱导策略模型,见式(4-10)。

$$
\begin{cases}
(P\,\mathrm{I})\min F = \sum\limits_{a \in A} x_a t_a + \sum\limits_{i \in N} \mu_i [\rho + \beta\theta_i + \gamma(1-\theta_i)] \\
\sum\limits_{l} f_{rs}^{l} = q_{rs} \\
x_a = \sum\limits_{r} \sum\limits_{s} \sum\limits_{k} f_{rs}^{k} \delta_{rs}^{ak} \\
f_{rs}^{k} \geqslant 0
\end{cases} \tag{4-10}
$$

$$
\begin{cases}
(P\,\mathrm{II})\min Z(f) = \dfrac{1}{\theta} \sum\limits_{r} \sum\limits_{s} \sum\limits_{k} f_{rs}^{k} \ln f_{rs}^{k} + \sum\limits_{a \in A} \int_0^{x_a} t_a(w)\,\mathrm{d}w \\
\sum\limits_{l} f_{rs}^{l} = q_{rs} \\
x_a = \sum\limits_{r} \sum\limits_{s} \sum\limits_{k} f_{rs}^{k} \delta_{rs}^{ak} \\
f_{rs}^{k} \geqslant 0
\end{cases} \tag{4-11}
$$

4.1.2 交通仿真实验

为验证路径诱导算法在多种交通背景、管控手段下的有效性,开展了交通仿真实验。构建范围为 10km × 10km 的局域高速公路网,如图 4-1 所示,各高速公路车道宽度均为 3.75m,匝道车道宽度 3.5m;主线设计速度 120km/h,互通匝道设计速度 60km/h;路网设置单向交通。

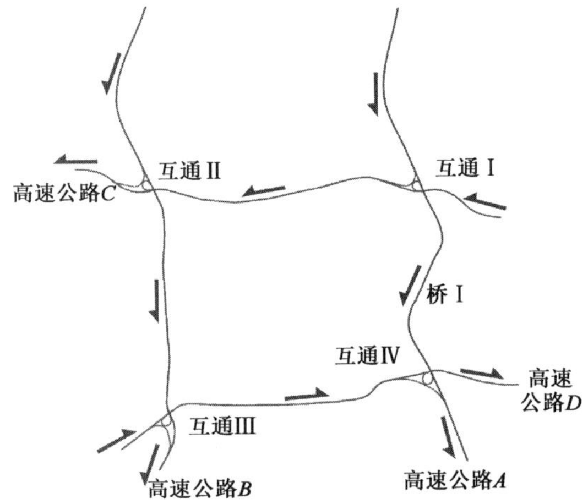

图 4-1 路网模型搭建

(1)交通流量设置。路网初始交通量按照服务水平等级三级进行实验,最大服务交通量按《公路路线设计规范》(JTG D20—2017)中高速公路路段服务水平分级表取值。

(2)车辆参数。车型组成及车型比例按在京台高速上实际调研数据进行设置,本实验共设定三类车型:小汽车、大客车、货车,比例为 14:1:10。

(3)速度参数。小汽车的期望车速标定为 120km/h,大客车和货车的期望速度标定为 80km/h,期望车速的分布服从正态分布。驾驶行为模型选用 Wiedemann 99。

(4)交通事件模拟。

实验模拟互通Ⅰ上游拥堵时,下游桥Ⅰ处采取不同交通管制措施时互通Ⅰ上游驾驶员的路径选择情况、互通Ⅰ下游交通运行情况及整个路网通行效率情况。实验模拟的交通管制措施见表4-1。

桥Ⅰ处交通管制措施 表4-1

限速(km/h)				车道封控		
20	40	60	80	封控1条	封控2条	完全封控

其中,互通Ⅰ上游拥堵通过在互通Ⅰ上游设置2km减速区实现,减速区内期望速度为5km/h;桥Ⅰ处限速通过在桥全段设置800m减速区实现,管制措施采取的限速即为减速区内期望速度;桥Ⅰ处车道封控通过在桥全段设置禁行车辆类型实现,车道封控条数即为设置全部车型禁行车道条数。交通事件模拟示意图如图4-2所示。

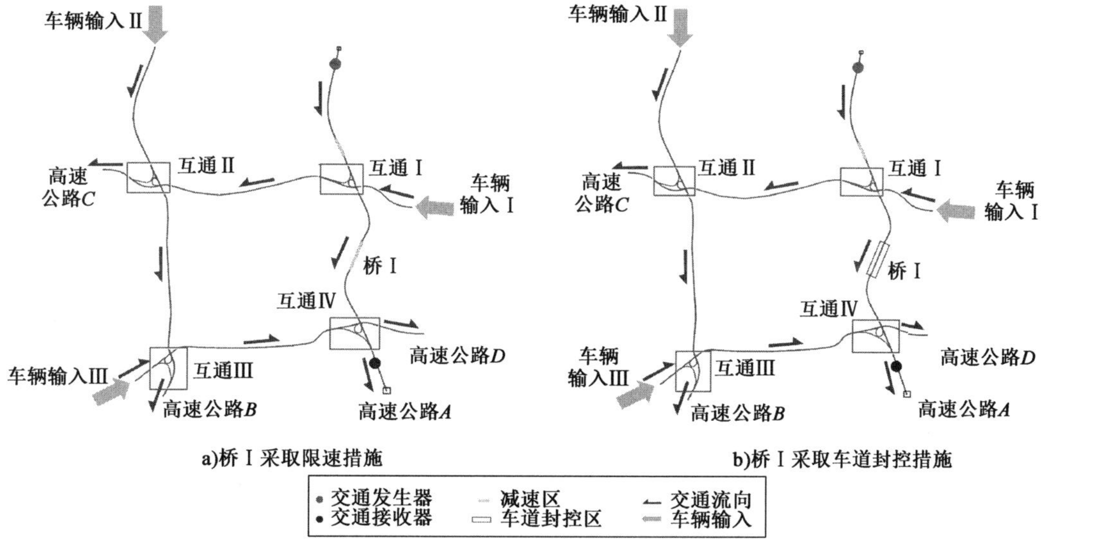

图4-2 交通事件模拟示意图

(5)路径设置。共设置静态交通分配、动态交通分配两种路径决策形式。

根据动态交通分配结果,实行不同的交通管控措施下的路网分流率、路网服务水平、路网平均延误如图4-3~图4-5所示。

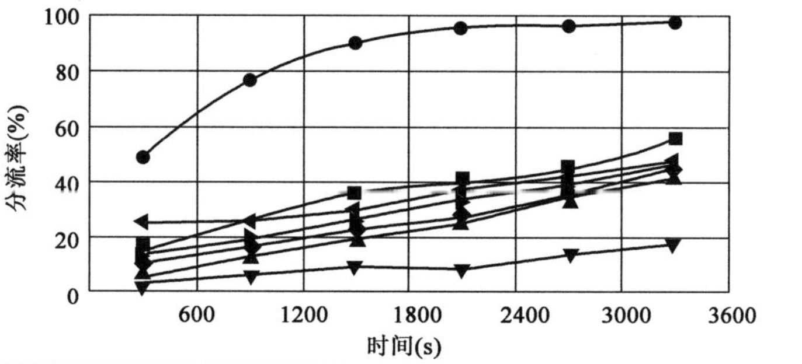

图4-3 不同交通管控措施下路网分流率

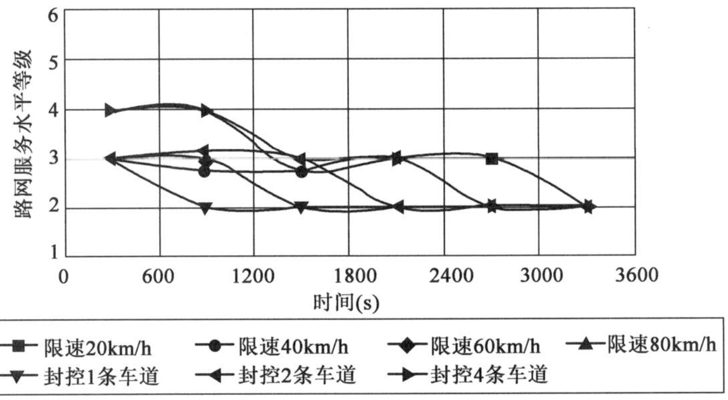

图4-4　不同交通管控措施下路网服务水平等级

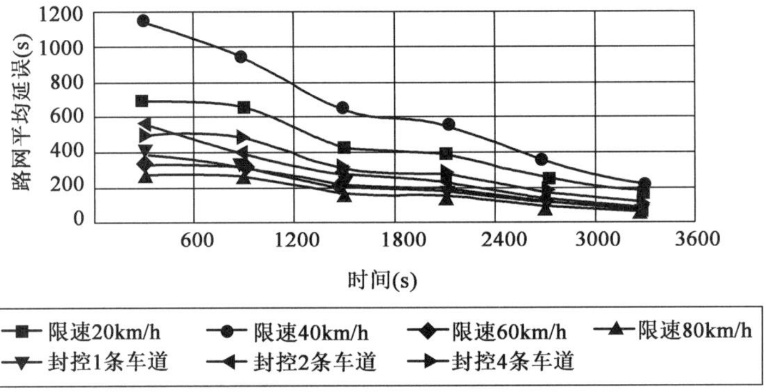

图4-5　不同交通管控措施下路网平均延误

事件后实施七种交通管控方案,分别进行交通仿真实验,通过对路网交通运行状态的比较可以看出,事件发生后采取诱导分流措施对于缓解拥堵、提高路网运行效率具有良好的效果。根据路网实际交通状况科学合理地确定诱导分流路线,为驾驶员及时提供诱导信息对缓解拥堵和提高路网运行效率具有重要意义。

4.2 基于节点承载力的高速公路网诱导路径算法

基于对路径诱导策略的理论分析、路网评估相关文献查阅及山东高速公路大数据处理中心的实地调研,提出基于节点承载力的高密度路网诱导路径算法。该方法综合考虑高密度路网的复杂交通背景,对路网节点的结构、交通运行状态进行综合度量,计算路网各节点承载力;参照重力模型和交通分配的方法将节点间的承载力分配到路段上,并基于路段实际条件修正,计算路网各路段承载力;在路网中规划多条诱导路径,综合节点承载力和路段承载力进行排序,最终得出诱导路径,见式(4-12)。

$$\text{opti}(l)_{ij} = \{\max(\sum H_m + \sum P_{mf}) \mid v_m, v_f, r_{mf} \in l_{ij}, i \neq j, m \neq f\} \tag{4-12}$$

4.2.1　节点承载力

高密度路网节点的评价指标应能从多方面综合反映节点属性,因此构造节点承载力指标,分别从结构属性和交通运行状态属性两个方面对节点进行评价,度量体系如图4-6所示。

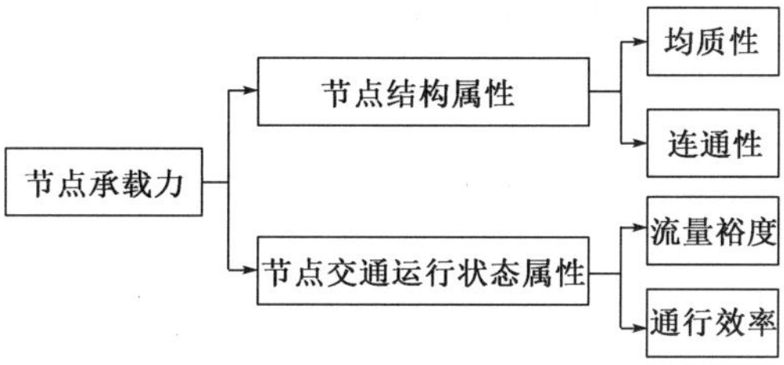

图4-6　高密度路网节点承载力度量体系

4.2.1.1　均质性

选用节点介数对路网均质性进行表征,其反映了介数在路网中分布的均匀程度,节点介数分布越均匀,路网结构性能越好。节点均质性计算公式见式(4-13)。

$$b_m = \sum_{i=1}^{n}\sum_{j=1}^{n} y_{m,ij} \qquad (i \neq j) \tag{4-13}$$

式中:b_m——节点v_m的介数;

n——路网节点总数;

$y_{m,ij}$——路网中起终点分别为v_i和v_j的最短路径,对于$v_m \in \min(l)_{ij}$,$y_{m,ij}=1$表示该最短路径经过节点v_m,否则$y_{m,ij}=0$。

4.2.1.2　连通性

选用节点连通度对节点连通性进行表征,即与节点v_m直接相连的其他节点数目,节点连通度越大表明v_m与路网中其他节点的关联程度越紧密。节点连通性计算公式见式(4-14)。

$$o_m = \sum_{j=1}^{n} x_{mj} \tag{4-14}$$

式中:o_m——节点v_m的连通度;

n——路网节点总数;

x_{mj}——节点v_m和v_j间连通性,$x_{mj}=1$表示节点v_m和v_j存在路段直接连通,否则$x_{mj}=0$。

4.2.1.3　流量裕度

节点流量裕度反映了节点通行能力对实际运行交通量的适应程度,可有效表征路网的畅通性。节点流量裕度计算公式见式(4-15)。

$$q_m = C_m - Q_m \tag{4-15}$$

式中:q_m——节点v_m的流量裕度;

C_m——单位时间T内节点v_m的通行能力;

Q_m——单位时间T内经过节点v_m的实际交通量。

4.2.1.4 通行效率

节点通行效率e_m定义为单位时间 T 内通过节点v_m的实际交通量Q_m在单位时间 T 内行驶路程,即单位时间内节点承载、转换交通量与平均行程速度 S 的乘积,可综合表征节点的服务水平和服务交通量的高效性。节点通行效率计算公式见式(4-16)。

$$e_m = Q_m S \tag{4-16}$$

式中:e_m——节点v_m的通行效率;

S——单位时间 T 内通过节点v_m的实际交通量的平均行程速度。

4.2.2 路段承载力

基于图论理论,路径是一系列节点由路段相连构成的集合,因此路段承载力同样影响诱导路径的选择。基于节点承载力和路段实际交通条件,构造路段承载力指标对路段进行评价,方法如下:

步骤 1:基于重力模型法,将路段起、终节点之间的承载力分布到路段上,构造承载力吸引量分布矩阵。

步骤 2:采用交通分配的方法将承载力吸引量分布矩阵在路网上进行分配,即可得到承载力在路段上的累积值——初始路段承载力 P'_{mf}。

步骤 3:选取路段设计速度、路段的单向车道数对路段承载力进行修正,修正后的值即为路段承载力P_{mf},见式(4-17)。

$$P_{mf} = \left(\frac{u_{mf}}{\bar{u}} + \frac{k_{mf}}{\bar{k}}\right)P'_{mf} \tag{4-17}$$

式中:u_{mf}——路段r_{mf}的设计速度;

$\bar{u}$——路网中所有路段的平均设计速度;

k_{mf}——路段r_{mf}的单向车道数;

$\bar{k}$——路网中所有路段的平均单向车道数。

4.3 诱导信息发布

随着信息化进程不断深入,目前高速公路网交通诱导采取的发布方式主要分为群体诱导和个体诱导两种。群体诱导主要是通过在路网重要分流点布设可变信息标志(Variable Message Signs,VMS)向驾驶员提供路网信息,诱导车辆选择合适车速或者推荐行驶路线;个体诱导则是利用车载、手持导航及车与基础设施通信(Infrastructure to Vehicle,I2V)技术向驾驶员提供实时的道路交通状况信息,引导出行者到达目的地;或由互联网、云平台直接向车辆发出指令,调整行驶路线。两种诱导方式相比较,个体诱导的效率和质量虽优于群体诱导,但是个体诱导耗资巨大,而群体诱导可以使驾驶员共享信息资源,提高信息的利用率。

因此,高速公路交通诱导应采用多主体诱导方式,实现多点位、多方式、多终端获取实时交通诱导信息,该方式不仅可以提高出行效率,也能提高诱导信息的服务质量和服从率,进而提高路网整体通行效率。多主体诱导可通过交通诱导信息线下-线上联合发布、群体-个体共同诱导模式实现,是适合我国国情且非常有效的路网诱导技术。

4.3.1 VMS

4.3.1.1 分类

1)显示内容类型

VMS 按照显示内容类型分类可分为文字式、图形式和图文混合式三种。

(1)文字式 VMS。

文字式 VMS(图 4-7)是只显示文字信息的 VMS,以发布文字的形式,提示道路网络的交通诱导信息,多为点阵式类型的。文字式 VMS 适用于发布规模较小的道路网络或路段的实时交通状态信息,主要用于提示畅通、拥堵、道路施工、交通事故等信息,信息指示性明确。

(2)图形式 VMS。

图形式 VMS(图 4-8)通过图形表示需要显示的道路网络结构,适用于发布和显示城市区域间路网及较复杂的道路网络的实时交通诱导信息,通过红、黄、绿三种颜色显示实时交通流状况。图形式 VMS 可读性好,形象直观,适合需要显示较多信息的情况,能显示的路网范围广,提示信息多。

图 4-7 文字式 VMS

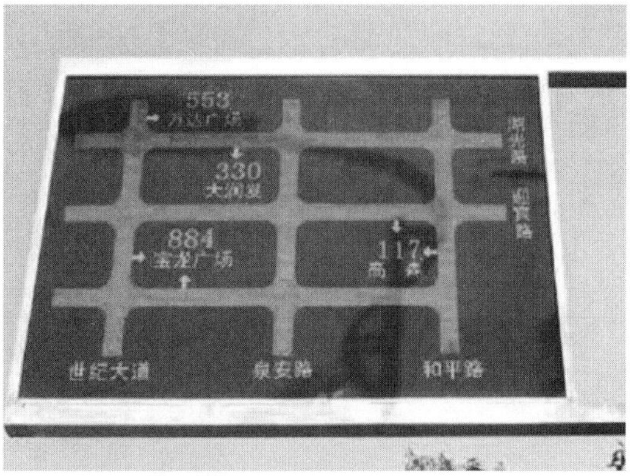

图 4-8 图形式 VMS

(3)图文混合式 VMS。

图文混合式 VMS(图 4-9)是图形和文字的混合显示形式,可用文字发布警告和提示性标语,用图形方式指示道路网络的实时交通状况和诱导信息,可以是点阵式或复合式类型的,适用于显示范围广的情况。图文混合式 VMS 显示的路网范围广,发布信息量大,显示的内容可读性好,形象直观,能通过文字信息辅助说明路网中的关键信息。

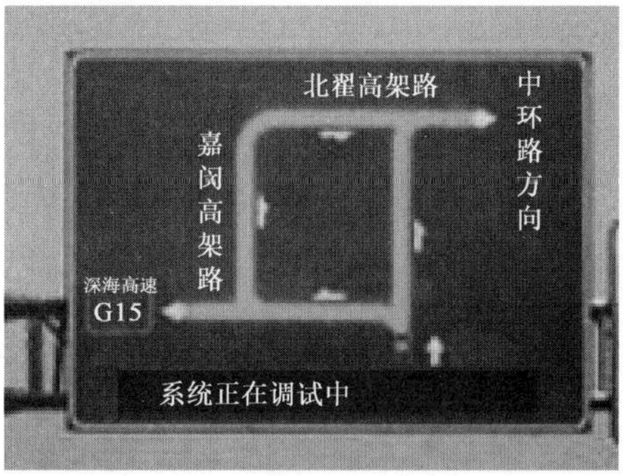

图 4-9 图文混合式 VMS

高速公路网区 VMS 可采用图文混合式版面,它由上下两部分组成,上部为图形显示模块,下部为文字显示模块。图形部分可通过改变显示元件的发光颜色来显示道路的服务水平,文字部分提供拥挤、事故、行程时间、恶劣天气等文字信息。对于路网中的大型桥隧等重要节点,还提供桥隧的开闭信息。除了显示较大范围的道路畅通、拥堵情况外,还具有道路指引牌的功能。

2)显示技术

VMS 按显示技术则分为反光式、发光式和混合式三种。

(1)反光式 VMS。

反光式 VMS 是通过外部光源的光线(如太阳光、车灯或路灯灯光等)来显示信息内容,包括折叠式、卷轴式、转鼓式等类型,适用于不易安装设置电源电缆的地点,适合小型的 VMS 和发布信息量较少的地方。

(2)发光式 VMS。

发光式 VMS 是通过主动发光的光源(如氖灯、灯泡矩阵、发光二极管固定格栅或矩阵等)来显示信息内容,适用于交通信息量较大的场合、可视性和能见度差的地方。

(3)混合式 VMS。

混合式 VMS 是将前两种技术结合起来,有两种形式。一种是将两种 VMS 技术(如磁翻板和光纤,或者磁翻版和发光二极管)组合起来,制作成混合型的显示装置,从而兼具两种显示技术的性质。另一种是 VMS 与静态标志结合起来使用,标志中不需要改变的那部分信息使用静态标志的显示技术来显示,而需要经常改变的那部分信息使用前面介绍的某种显示技术(发光型或反光型)来显示。这种显示方法可以节约材料、降低维护费用和节省能源。图 4-10 所示为发光二极管(LED)混合式 VMS。

图 4-10 发光二极管(LED)混合式 VMS

高速公路网区 VMS 可采用 LED 技术,或者 LED 技术和静态标志组合的混合技术。其中,动态部分利用 LED 构造出道路形状,通过改变道路中某段光带的颜色来表示道路相应位置的交通状态(如畅通、拥挤、堵塞等);静态显示部分采用静态标志所使用的反光材料。

3）版面元素

VMS 通过各种元素的组合，简单、准确地传递道路前进方向、地点、距离、路面路况及交通状态等信息，帮助驾驶员快速、准确到达目的地和减少交通延误，有效地实现交通诱导（表 4-2）。VMS 版面元素主要包括路网拓扑选择及用以表达不同指导意图的图形元素。

版面设计元素 表 4-2

元素	描述
当前位置指示标识	表示车辆现在所处的位置
出口指向标识	用于标识路段指向
路段标识	用光带对 VMS 进行标识。采用不同粗细的光带标识各道路等级，参照前述路网等级划分规则，从粗到细依次为高速公路及城市快速路、干线公路及城市干道、关联道路
路段交通状况及绕行策略标识	采用红黄两种颜色线条表示各路段实时的交通状况，红色线条表示拥堵，黄色线条表示行驶缓慢，绿色线条代表事件状态下的推荐绕行路径
道路名字标识	为避免混淆，采用《道路交通标志和标线 第 2 部分道路交通标志》（GB 5768.2—2022）中相关规定对道路进行表征
道路节点标识	分别采用不同大小的圆表征一级节点和二级节点

基于高速公路网区交通背景和出口复杂的情况，驾驶过程中进入驾驶员视野的信息量较大，而驾驶员的信息处理能力是有限的。研究表明，驾驶员视觉信息通道的最大接受信息速率为 4.6 × 106bit/s，由于驾驶员的动态感知能力和认知精确度随信息量负荷和速率的增加而降低，进而影响驾驶员对 VMS 的认知，甚至带来交通安全隐患。

4.3.1.2 版面要素组合

为确定适用于高密度路网区高速公路的 VMS 版面要素组合，设计了 4 种不同版面要素组合形式的 VMS 版面，见表 4-3。

VMS 版面设计 表 4-3

版面简称	VMS 版面图	版面要素	备注
VMS1		√驶出高速公路后互通相连道路实际线形 ×互通名称 ×互通处绿色短横线 ×互通处白色三角形	VMS 1 包含经各立交驶出后的路线
VMS2		×驶出高速公路后互通相连道路实际线形 √互通名称 ×互通处绿色短横线 ×互通处白色三角形	VMS 2 略去经各立交驶出后的路线，并标注途经立交名称

续上表

版面简称	VMS 版面图	版面要素	备注
VMS3		×驶出高速公路后互通相连道路实际线形 √互通名称 √互通处绿色短横线 ×互通处白色三角形	VMS 3 在 VMS 2 的基础上于途经立交处增设绿色横短线,以示该出口可驶出
VMS4		×驶出高速公路后互通相连道路实际线形 √互通名称 √互通处绿色短横线 √互通处白色三角形	VMS 4 在 VMS 3 的基础上于途经立交短横线处增设白色三角形,以示经立交驶出后的道路指向

综合运用小型驾驶模拟器和眼动仪,采集了 20 名驾驶员视认 4 种 VMS 版面和 2 种普通标志的数据。采用指标方差分析检验了 6 种版面诱导结果、驾驶操纵稳定性、驾驶操纵负荷、视认行为的差异性。图 4-11 为驾驶模拟实验图。

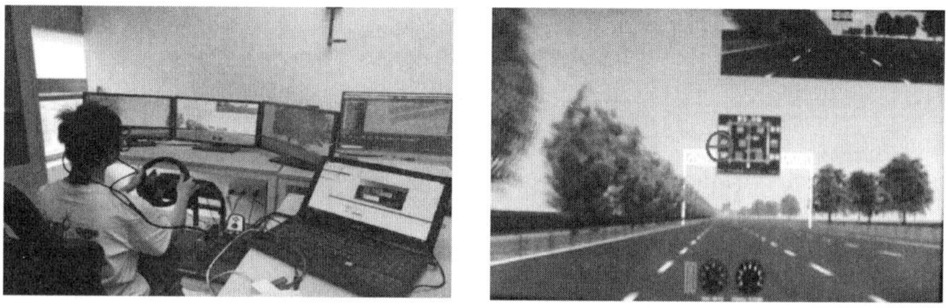

图 4-11 驾驶模拟实验图

采用驾驶员路径决策分布结果表征 VMS 诱导效果,采用平均运行速度、横向加速度方差、驾驶负荷、加速踏板/制动踏板开合度表征驾驶行为,采用视认时间比例表征视认行为,并构建反映诱导效果、驾驶行为、视认行为的综合指标,数据如图 4-12 所示。

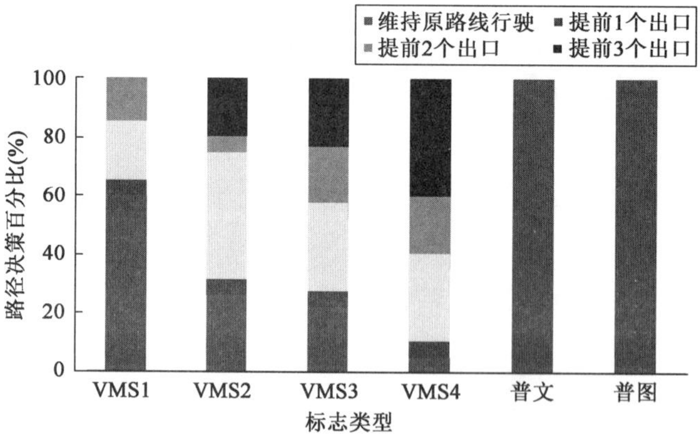

a)驾驶员路径决策分布

图 4-12

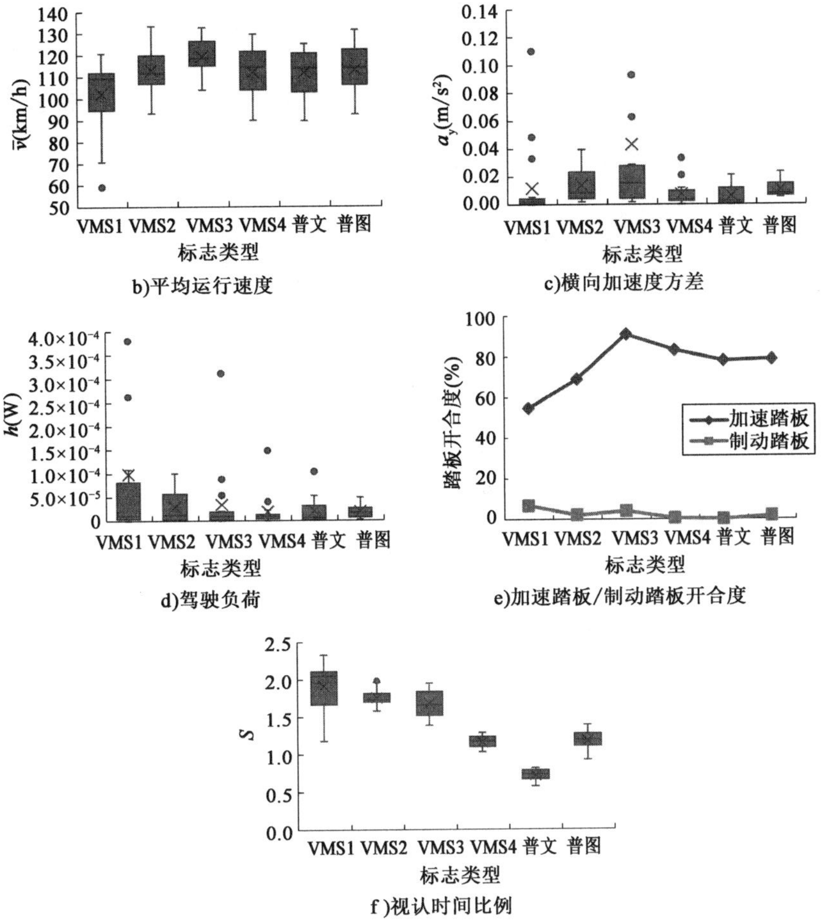

b)平均运行速度　c)横向加速度方差

d)驾驶负荷　e)加速踏板/制动踏板开合度

f)视认时间比例

图 4-12　VMS 版面元素组合形式分析结果

基于试验结果,从 VMS 版面必须可视、可读、可知、可信的角度出发,对高速公路网区 VMS 版面作如下推荐:

(1)表示路网的图形应该按驾驶员的行驶方向观看路网的方式,即驾驶员所处的位置总是处于标志的最下方,并对当前所处位置进行醒目标注。

(2)推荐采用拓扑图表示路网形状,避免图形网络的变形过大。显示路网范围为以所在枢纽互通式立交为起点,以所在高速公路行驶方向最近的枢纽互通式立交为终点。

(3)路网中一级节点用圆形表示,二级节点用互通实际线形表示,并标注地名。

(4)白色箭头以示路段指向。

(5)采用红、黄、绿、黑四种颜色线条表示各路段实时的交通状况,红色表示拥堵,黄色表示行驶缓慢,绿色表示畅通,黑色表示封路。

(6)为避免混淆,采用《道路交通标志和标线　第 2 部分道路交通标志》(GB 5768.2—2022)中相关规定对道路进行表征。

以京台高速公路泰安至磁窑段局域路网为例,磁窑枢纽互通式立交上行方向(一级节点)、宁阳东互通上行方向(二级节点)处的 VMS 版面如图 4-13 所示。

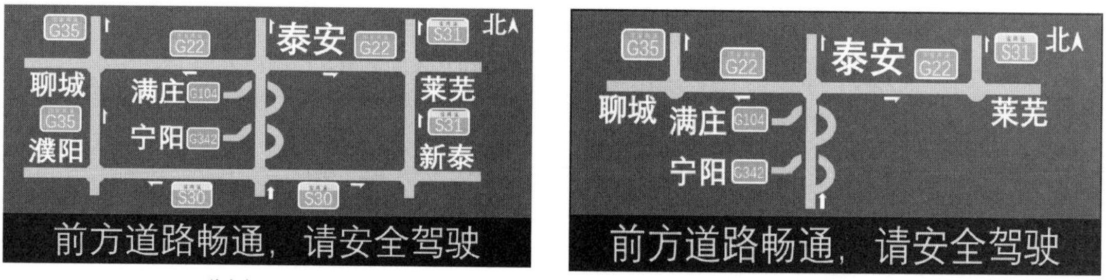

a)磁窑枢纽处VMS　　b)宁阳东互通处VMS

图 4-13　VMS 版面推荐方案

4.3.1.3　布设位置

VMS 的布设应遵循从总体到局部的原则，遵循路网—路线—节点的流程，先考虑高速公路所处路网的总体交通情况，再做好路段的布局，最后再落实道路节点处的具体布设。

VMS 的放置目的是提高路网的通过性和运营效率，实现诱导功能，应结合道路线形、交通状况、沿线设施等情况来设置。对于高速公路网区的高速公路，应考虑道路交通流的分布特点对 VMS 进行布设。结合实际情况，可将高速公路网的高速公路交通流分为过境交通和出入境交通流两种形式。对于过境交通流，应诱导过境车流从高速公路上过境，尽量避免车流进入城区；提供高速公路的实时交通状况、使驾驶员熟悉道路交通状况；为过境车辆提供服务信息以及附近相关道路的交通情况。对于出入境交通流，应诱导车流合理利用高速公路出入口，少走弯路；诱导车流从多个出入口进出，不要集中在某个出入口。

根据前述高速公路网及节点层级划分规则可知，高速公路互通式立交(一级节点)主要服务于过境交通流，高速公路出入口(二级节点)主要服务于出入境交通流和少部分过境交通流。因此，VMS 的布设位置应遵循如下原则：

(1)对于以交通诱导功能为主的 VMS 布设，应基于路网层面进行分析，以交通流分流为需求找出合适布设点位，将 VMS 布设在交通流分流处上游，下游必须具备分流能力。

(2)VMS 应与静态标志协调设置，显示内容应一致且互为补充，VMS 与静态标志间距不得小于一定距离，保证各自功能的发挥。VMS 应设在车辆行进正面方向的最佳视认处，前方不应有遮挡物。

(3)相邻 VMS 之间的间距应该慎重选择，如果两 VMS 间的间距过小，则可能导致信息量过多或前后 VMS 所发布信息的冲突，从而使得驾驶员无所适从。

(4)VMS 布设位置处必须配备市政工程配套的基本建设条件，如供电、通信、地下管线等。但考虑到运营及维护成本，VMS 设置规模要适度，可依据拟布设节点等级或对 VMS 需求的强弱进行分期设置。

4.3.1.4　前置距离

为实施路网交通诱导，VMS 通常布设在具有路径选择可能的路网一级节点和二级节点上游，用于实时发布交通管控措施或绕行策略。

VMS 视认过程是一种多任务驾驶行为，驾驶员需在短时间内完成 VMS 视认、路径决策、车辆减速与换道，因此应保证有充足的距离让驾驶员完成换道并以限制速度驶入减速车道，提升驾驶员规范换道意愿，避免出现连续换道、紧急换道、紧急制动换道等危险驾驶行为；同时应考虑驾驶员对 VMS 的短期记忆，避免因记忆衰减造成驾驶负荷，为驾驶员提供较为理想的换道条件。

为确定适用于高密度路网区 VMS 前置距离，基于驾驶模拟实验，设置 3.0km、2.5km、1.5km、0.7km 四种不同位置的 VMS，场景如图 4-14 所示。

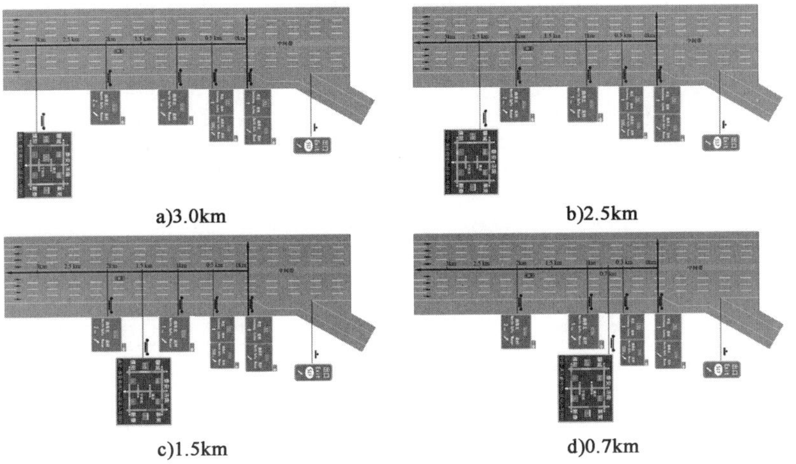

图 4-14　各前置距离下的 VMS 布设示意图

依据32 名驾驶员视认4 种前置距离的 VMS 后换道驶出高速公路过程中的转向盘、速度与位置数据，观察各驾驶员换道过程中的转向盘操控行为、换道行为、减速行为，数据如图 4-15 所示。

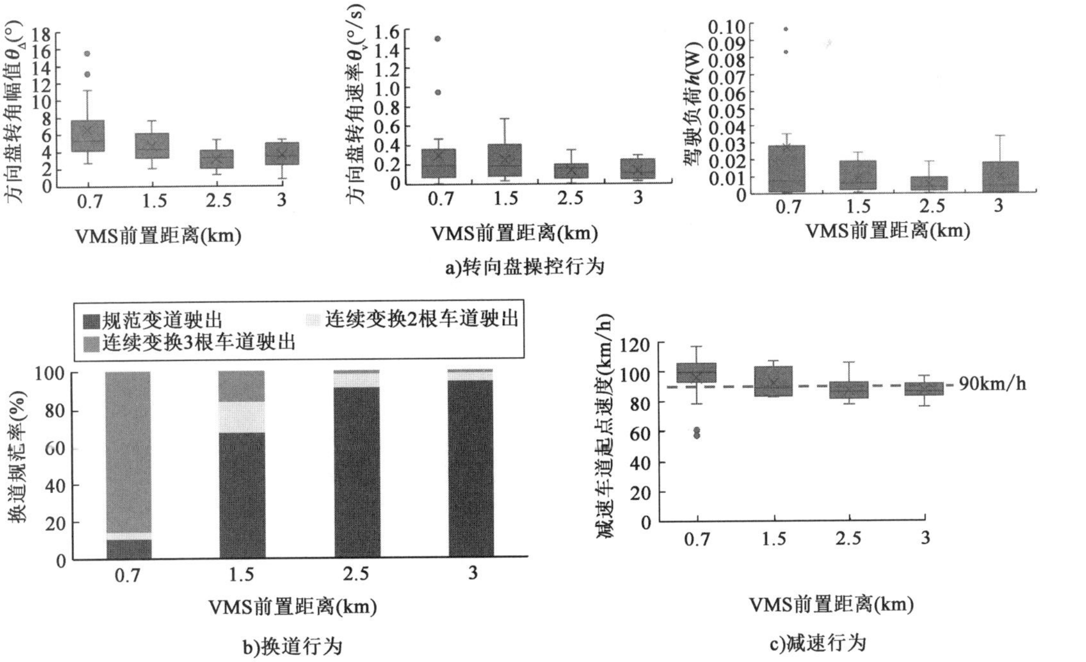

图　4-15

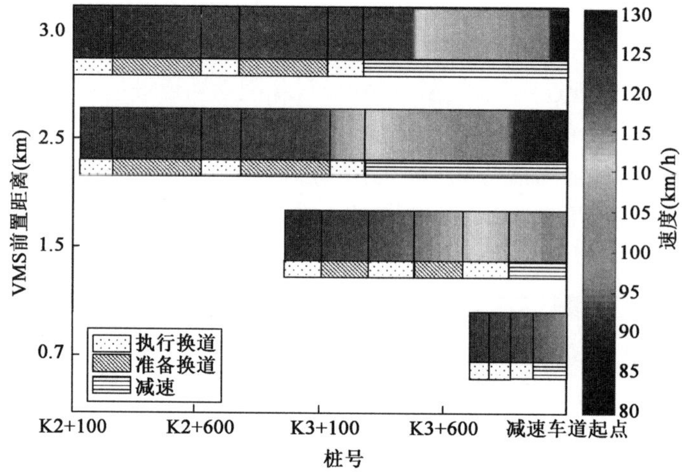

d)换道、减速行为热力图

图 4-15　VMS 前置距离实验分析结果

结果表明,VMS 前置距离对驾驶行为存在显著影响。当前置距离不足时,迫于紧急的强制换道需求,驾驶员往往快速、大幅度转动转向盘,采取连续换道、急换道的行为,以尽快达成换道目的。为顺利驶入减速车道,部分驾驶员在操控转向盘换道的同时采取制动措施降低车速,该行为大幅增加了驾驶操作难度和负荷,极易诱发交通事故。而当前置距离过长时,部分驾驶员由于对 VMS 存在短期记忆,导致记忆出现一定衰减进而导致操纵负荷增大。

结合理论与实验分析结果、静态标志协调性,推荐八车道高速公路上的 VMS 安全前置距离范围为 2500 ~ 3000m,此时驾驶员有充足的距离进行自由换道,规范换道意愿高且换道状态从容,有利于高速公路驾驶安全性。

4.3.1.5　支撑方式

VMS 根据支撑方式不同可以分为门架式、立柱式和悬臂式三种。立柱式和悬臂式也可叫作路侧式。

1)门架式 VMS

门架式 VMS 指以门架结构的方式进行安装,主要设置在行车道上方。门架式 VMS 多用于如下情况:

(1)多车道道路(单向三车道及以上)需要发布重要信息时;

(2)道路较宽、交通量较大、交通流车速较大、不同类型车辆分车道行驶且外侧车道大型车辆阻挡内侧车道小型车内驾驶员视线时;

(3)两互通式立交间距较小、交通标志及各类交通工程设施设置密集之处,可突出重点信息,提高驾驶员注意力;

(4)互通式立交设计复杂、有多个出口处;

(5)受空间限制,柱式、悬臂式安装有困难时;

(6)视距受限时(如道路右侧有树木或其他交通工程设施遮挡物);

(7)需要和前后一系列的门架标志保持一致时;

(8)景观上有要求时。

2)立柱式 VMS

立柱式 VMS 指 VMS 以单柱或双柱的方式进行安装,主要设置在道路边缘、中央分隔带上。

3)悬臂式 VMS

悬臂式 VMS 也叫作 F 形 VMS,指 VMS 以单柱的方式进行安装,主要安装在道路边缘、中央分隔带上。

综合考虑 VMS 的高度、重量、视认性等特性,高速公路网区 VMS 可根据具体情况设置在道路右侧和中央分隔带或行车道上方,主要以门架式结构为主,必要时可采用中央分隔带和硬路肩共同设置路侧式 VMS 的形式。

4.3.1.6 诱导信息种类

通过 VMS 发布的信息内容将直接影响到驾驶员的决策,它是将管理者的意图真实传达给驾驶员最关键的步骤,也是车辆诱导与安全管理中非常重要的一个环节。从路网安全管理的角度来说,VMS 发布的信息应全面考虑各种情况,既要覆盖事件情况,也要考虑日常运营。因此,根据信息发布内容的重要与紧急程度,将信息发布内容分为常规信息和警示信息。

1)常规信息

在大多数情况下,路网中并没有事件发生,因此发布通用信息将成为的重要功能之一。通用信息是针对驾驶员发布的日常管理信息,包括交通法规、服务信息、建议信息、公益信息等。

交通法规类信息包括“严禁超速行驶”“禁止掉头、禁止向左(或向右)转弯”“严禁酒后驾驶”“严禁停车装卸货物”“严禁在应急车道上行驶”等。

服务类信息包括“欢迎驶入(　)高速公路”“祝您一路平安”“收费公路,按章缴费”“欢迎使用前方服务区”“公开服务标准,接受社会监督”等。

建议信息包括“注意匝道驶入车辆”“进入隧道,请减速行驶”“保持车距,谨防追尾”“黎明易困,谨慎驾驶”“天气炎热,注意休息”“夜间请勿疲劳驾驶”等。

公益类信息包括“请打电话呼救,严禁拦车求援”“请系好安全带”“故障停车须警示”“警钟长鸣”等。

2)警示信息

警示信息是指事件条件下发布的有利于驾驶的信息,一般在事件情况下,道路交通受到影响时,会发布警示信息。警示信息的发布采用多级信息发布模式,按照信息发布内容的重要与紧急程度分为提示信息、建议信息和强制信息。多级信息发布模式流程如图 4-16 所示,其中,提示信息是多级信息发布模式的最低级别,通常发布在较远的路段,目的是引起驾驶员的注意;建议信息是多级信息发布模式的中间级别,在重大事件条件下,建议信息一般发布在不太远的路段,驾驶员可以自己选择是否改变行车路线;强制信息是多级信息发布模式下的最高级别,是向驾驶员发布必须遵照执行的信息。

(1)提示信息。

提示信息是针对不同情况,向驾驶员发布的信息,提醒驾驶员引起注意。提示信息所提醒的事件一般不紧急,也可能是重要事件发生之前的预警,或者是较远路段发生事件,因此需要给驾驶员提示一下,引起重视即可。信息发布时应简要描述情况,同时提示驾驶员注意安全。

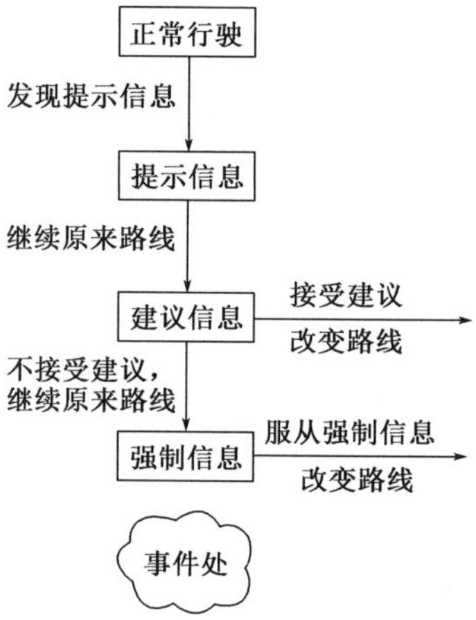

图 4-16　多级信息发布模式流程

提示信息包括“前方(　　)km 塌方,谨慎驾驶”“前方事故,交通堵塞”“前方(　　)施工,借道行驶”“前方(　　)桥面结冰,小心驾驶”等。

(2)建议信息。

建议信息能够帮助驾驶员节省行车时间、提高安全性等,如建议行车路线、建议行驶速度、建议驾驶行为等。在一般事件下,如果驾驶员不遵照建议,也并不会产生十分严重的后果。在重大事件下,若驾驶员不按照建议的路线行驶,那么在后一级别的信息发布中,将必须服从强制信息的诱导。

建议信息发布时,应简要描述情况,同时给出具体的行车建议,行车建议由交通诱导系统制定的交通诱导对策制定。例如:“速度(　　)km/h,车距大于(　　)”“前方(　　)事故,请从(　　)下高速公路”“前方事故,请从(　　)绕行”“大雾,请从(　　)绕行”“暴雪,请到(　　)服务区暂避”等。

(3)强制信息。

强制信息是多级信息发布模式下的最高级别,是向驾驶员发布必须遵照执行的信息,一般只有在重大事件情况下,道路或交通受到严重影响时,才会发布强制信息,通常发布在重大事件的本路段或邻近路段。如限速、关闭高速公路、关闭行车道等,如果驾驶员不遵照信息的要求,将会产生较为严重的后果,如发生交安全事故、被执法部门处罚等。

强制信息应描述出事件的严重程度,如果是强制诱导信息,还需要给出具体的指导意见。例如:“前方(　　)km 塌方,封闭行车道”“前方滑坡中断,请从(　　)驶离高速公路”“前方路段封闭,请从(　　)下高速公路”“大雾,全线封闭”等。

4.3.1.7　诱导信息发布模式

1)正常运营

大多数情况下,路网处于正常运营状况,路网中并无事件发生,因此 VMS 可用于发布常规信息。此时 VMS 图形部分显示全绿,文字部分展示包括交通法规、服务信息、建议信息、公益信息等的常规信息。

2)事件下运营

(1)信息内容组合。

有相关研究通过 SP 问卷法研究使驾驶员路径行为产生变更的影响因素以及驾驶员对 VMS 发布内容的偏好反馈,结果表明随着信息量的增加,驾驶员服从路径诱导的倾向性就更明显,即相较于单一的事件信息,驾驶员更期待掌握事件的详细情况。

VMS 诱导信息内容可包括事件地点、事件距离、延误时间、排队长度、建议绕行策略等。但 VMS 版面有限,不可能在高速公路上事无巨细地展示事件及绕行策略的全部情况,因此,VMS 信息内容的最佳组合形式可后续通过驾驶模拟实验进行确定。

(2)信息发布范围。

路网中通常并不只有一块 VMS,当路网中有事件发生以后,究竟需要在哪些上发布相关的信息,是一个值得深入研究的问题。

由于事件条件下的信息发布采用多级信息发布模式,即不同的范围需要发布不同类型的信息。而发布范围的确定需要量化的指标进行判断,在前述章节中,本书按照信息的重要程度与紧急程度,将信息内容分为常规信息、提示信息、建议信息、强制信息,现在将这些信息的重要度进行量化,分别设为 0.2、0.5、0.8、1.0。

本文采用衰减因子描述警示信息的发布,当路网发生事件后,信息经过衰减后的重要度系数公式见式(4-18):

$$\omega = W \cdot e^{kL} \tag{4-18}$$

式中:ω——经过衰减后的信息在 VMS 处的重要度系数;

W——事件路段的对策等级,关闭类对策为 1,限制类对策为 0.5,其余为 0;

L——事件发生位置与 VMS 的距离;

k——衰减系数。

当 $\omega \leq 0.2$ 时,则认为事件的位置离 VMS 较远,信息的重要程度很低,此时 VMS 仍发布常规信息;

当 $0.2 < \omega \leq 0.5$ 时,则认为事件的位置离 VMS 较近,该信息比较重要,因此在发布提示信息;

当 $0.5 < \omega \leq 0.8$ 时,则认为事件的位置更加近,能够影响到 VMS 所在路段车辆的行驶环境,因此发布建议信息;

当 $0.8 < \omega$ 时,认为事件的位置离很近,属于事件的邻近路段。若事件不严重,即可以按照原有路线谨慎通过,也可以选择绕行路线时,仍发布建议信息;若事件程度很严重,必须进行绕行时,此时应该发布强制信息。

4.3.2 导航平台和 I2V

相比于采用 VMS 的传统发布方式,导航平台和 I2V 在时效上更快速,在内容上更丰富,在功能上更全面,通过外场监控设备和路侧发布设备更新升级,提高事件检测正确率,加快算法迭代,提升风险预警范围,缩短信息发布时间,提供省事、省时、省心的伴随式信息服务。

4.3.2.1 导航平台

移动通信技术和地理信息技术的发展使得人们通过车载、手机导航获取出行信息成为可能,目前导航平台被广泛应用于日常出行。在交通诱导的个性化和有效性层面,导航平台优于VMS,可在陌生路况为驾驶员迅速寻路,为驾驶员员提供精准、精细、精简的出行信息服务。然而导航在给人们出行带来便捷的同时也会对驾驶行为产生一些负面影响。研究表明,驾驶过程中驾驶员对导航的注视次数与事故率呈正相关,因为驾驶员在驾驶过程中查看车载、手机导航会造成分心驾驶,造成驾驶员对交通环境中潜在风险识别能力和车辆操控能力的降低。此外,导航平台繁多,交通信息发布缺乏统一有效的表达方式,对驾驶员快速接收信息造成影响。

因此,导航平台在信息发布时应满足如下要求:

(1)导航界面应清晰易懂,避免冗余功能。

(2)导航信息应采用视听结合的方式。

(3)交通信息应做到实时更新,更新频率应小于3min。

(4)导航模式,包括导航信息给予形式、提示时间、提示内容、电子地图规模等,应针对不同驾驶员群的信息需求差异、不同交通流密度、不同行驶速度进行调整。

(5)导航界面应具备日间显示模式和夜间显示模式,且屏幕亮度可调节。

(6)通行状态信息宜采用深红色、红色、橙色、黄色、绿色五种颜色表示,其中,深红色代表严重拥堵,红色代表中度拥堵,橙色代表轻度拥堵,黄色代表缓行,绿色代表畅通。不同路段交通状态划分见表4-4。

不同路段交通状态划分表 表4-4

路段通行状态	示意颜色	高速公路限制速度(km/h)		
		80	100	120
畅通	绿色	≥60	≥80	≥100
缓行	黄色	[45,60)	[60,80)	[80,100)
轻度拥堵	橙色	[30,45)	[45,60)	[60,80)
中度拥堵	红色	[20,30)	[30,45)	[40,60)
严重拥堵	深红色	<20	<30	<40

(7)诱导文字信息按信息种类分为通用公告信息、通行信息、事件信息,其信息结构及示例见表4-5。

诱导文字信息结构及示例 表4-5

信息类型	信息结构	示例
通用公告信息	公告	①祝您一路平安 ②请勿疲劳驾驶
通行信息	时间+道路+具体点位+方向+路况详情+提示信息/推荐路径	①10:00,( )高速公路( )方向( )至( )拥堵( )km,预计通行时间为( ),建议从( )绕行 ②11:00,( )高速公路( )互通下游( )方向( )km处拥堵,预计排队( )h

续上表

信息类型	信息结构	示例
事件信息	时间＋道路＋具体点位＋方向＋事件详情＋提示/建议/强制信息	①11:00,(　)高速公路(　)互通上游(　)方向(　)km 处两车发生碰撞,请减速避让,注意安全 ②9:00,(　)高速公路(　)段突发团雾,减速慢行

对于交通拥堵、交通事故等交通事件在导航平台中的发布,应满足如下要求:

(1)交通事件的发布应及时、连续,且在消散前应连续播报。

(2)交通事件发布的定位精度应控制在沿路线 10m 范围内。

(3)对于交通事件描述的符号应简单易懂,同一交通事件的发布内容形式应一致。

4.3.2.2　I2V

I2V 技术是一种广泛应用于智能交通系统(Intelligent Transportation System,ITS)的通信框架,可实现车辆和配备 I2V 道路基础设施之间的无线、双向数据交换。I2V 技术可实时向车辆发布实时路况、交通信息、事故信息等,其功能架构有两个主要组件:道路基础设施应用程序组件和车辆应用程序组件,分别位于道路基础设施应用程序平台和车辆应用程序平台上,组件间数据通过无线数据接口共享、交互。I2V 技术不仅可以通过传递、交互信息避免拥堵,还能避免、减少交通事故,提高高速公路网的安全性、通行效率及环境效益。

1)功能要求

可通过 I2V 技术向车辆传递信息的道路基础设施包括数据采集装置、交通信息载体(交通标志、标线等)、交通照明与安全防护设施,这些设施需具备如下功能:

(1)地理信息、交通管理信息、环境状态的同步数字化通信传输功能。

(2)与车辆或平台之间的双向通信功能。

(3)对车辆发布预警、引导和控制信息功能。

(4)对平台回传实时交通运行状态功能。

配备 I2V 技术的道路基础设施应用场景如下:

(1)途经交通事故、交通拥堵或道路施工区域时,配备 I2V 技术的数据采集装置可快速帮助识别潜在的安全隐患,显示事故、拥堵、施工的相关信息和预期行驶时间,与驾驶员沟通前方路况,消除驾驶员对未知路况的不确定性,缓解其压力。

(2)配备 I2V 技术的交通信息载体在隧道、深夜等特殊点位、时段以及浓雾、暴雨、暴雪等极端天气的极低可视性环境中也可以向驾驶员提供指路信息、车道检测信息,为驾驶员提供全方位的视野,帮助评估路况。

(3)不宜放置 VMS 的路段上,配备 I2V 技术的路侧设施在可以直接向车辆发送实时交通运行情况和交通诱导信息,实现车辆对路况信息的接收和交互,以便驾驶员能快速解读周边交通环境信息并快速响应,从而提高驾驶员作出关键驾驶决策的信心。

2)布设位置

可通过 I2V 技术向车辆传递信息的道路基础设施的布设应结合地理环境、路网分布、路径规划、交通流态势、使用需求、服务对象、交通安全经济效益等方面综合研究论证,以下位置应布设配备 I2V 技术的道路基础设施:

(1)枢纽互通式立交处。

(2)视距不足的弯道、坡道处。

(3)团雾、暴雪、暴雨多发路段。

(4)隧道、桥梁长度超过 3km 的路段。

(5)事故、拥挤多发路段。

(6)施工作业区。

4.4 本章小结

在既有交通需求和路网容量下,通过交通诱导方法来规避大面积区域拥堵,实现交通流的合理分布,提高道路利用率,是交通管理者最为青睐的策略。本章构建了适用于高速公路网的路网-驾驶员双优路径诱导策略模型,提出面向路网安全高效运行的动态路径诱导算法,提升最优路径规划的效率,通过交通仿真实验验证了算法有效性;提出了 VMS、导航平台和 I2V 等高速公路网路径诱导信息发布方式优化方法,针对 VMS 部分参数开展驾驶模拟实验,包括版面要素组合、前置距离等。

第5章

运 行 平 台

5.1 功能需求与平台架构

5.1.1 功能需求

新一代高速公路网运行风险管控平台(Highway Operational Risk Management System,HORMS),综合应用交通BIM、物联网(Internet of Things,IoT)、无线集群、光纤通信、无线通信、音/视频、多媒体、决策支持、数据库等多种信息技术,通过对实时路网运行数据的采集、传输及融合处理,实现对新一代高速公路网运营安全的精细化监测、决策、预警与管控。结合高速公路网的特点,从运行风险管控的角度分析和总结高速公路网运行风险管控平台的功能需求,应主要包含以下六个方面。

(1)全息运行数据采集与处理功能。静态和动态运行数据是进行全息交通风险管控的基础,该管控平台拥有服务于新一代高速公路网运行风险管控等的基础设施信息,并能够实时获取高速公路网中的气象环境、交通流状态、交通事件等信息,并进行分析处理。

(2)实时交通风险状态诊断与评估功能。该平台应能够依据研究给定的算法和模型实时诊断出路网中的交通风险状态,为运行风险防控决策提供基础。

(3)交通风险状态预测功能。为做好未来一定时间内交通风险管控工作,该平台应能够对交通风险状态作出预测,预测功能包括短临交通风险预测和特定日期(重大社会活动、节假日)的交通风险预测。

(4)决策支持功能。能够依据风险诊断和预测结果,通过调用管控对策库给出合理的决策建议,包括信息发布方案、限流限行限速等对策、应急救援、风险路段改造等。

(5)查询功能。查询功能包括实时数据查询和历史数据查询两方面的内容。

(6)精细化展示功能。该平台基于交通建筑信息模型(Building Information Modeling,

BIM)技术,能够实现精细化的展示功能。用户可以通过点选不同的选项来显示整个路网或某个路段或其中某个车道等不同层级的实时运行风险等级,以及气象信息、实时交通流运行状态等信息,展示采用包括柱状图、表格、视频、音频、二维图像、三维模型等在内的多种形式。

综上,新一代高速公路网运行风险管控平台的功能结构如图 5-1 所示。

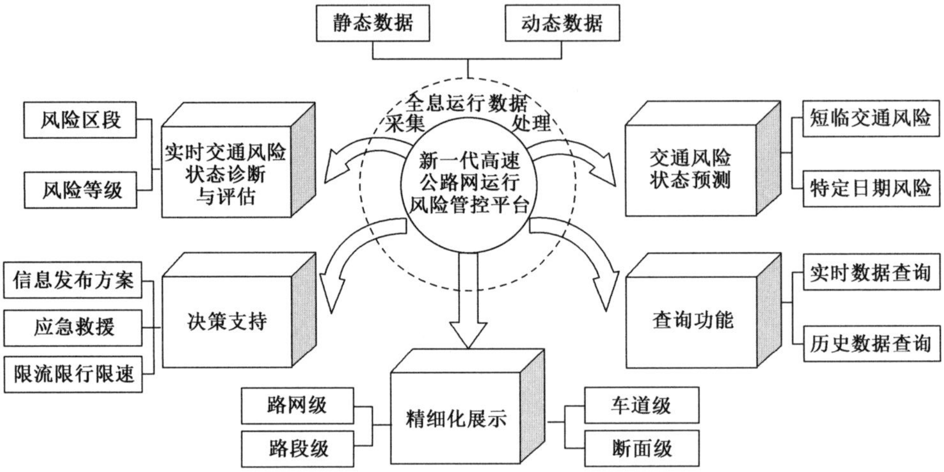

图 5-1　功能结构图

5.1.2　总体架构

新一代高速公路网运行风险管控平台应数据共享、应用共享,通过功能组件化、模块化,来实现系统集成、业务流程集成。这就要求系统的架构具有灵活性和扩展性,在支持系统功能组件化、集成化的基础上,同时还要满足业务流程的重组、编排。

逻辑关系上与风险管理基本理论对应,提出"三自"一体的运行风险管控理念,即"自感知、自诊断、自发布"三个阶段;而从空间位置角度考虑,将各类物理要素划分为云层、雾层、用户终端三个层次。因此,从"三阶段 + 三层次"的思路分析,将新一代高速公路网运行风险管控平台总体架构设计如图 5-2 所示。

基于上述各类要素及其提供的基本数据监测、传输、处理与发布能力,将全时安全运行风险智能管控定义为:以历史数据和实时监测数据为基础,基于风险计算模型诊断出交通运行实时风险和预测未来风险(包含发生的概率和后果两个层面),并加以实施相应管控策略,通过该过程的往复循环从而实现 100% 的全时安全运行。不同于过往以事故数据分析、事故黑点诊断与治理、基础设施设计与改善为主的研究和实践方式,全时安全运行风险管控通过"数据→概率→数据……"这样循环往复的方式不断提升高速公路系统可靠度,直至无限靠近安全。

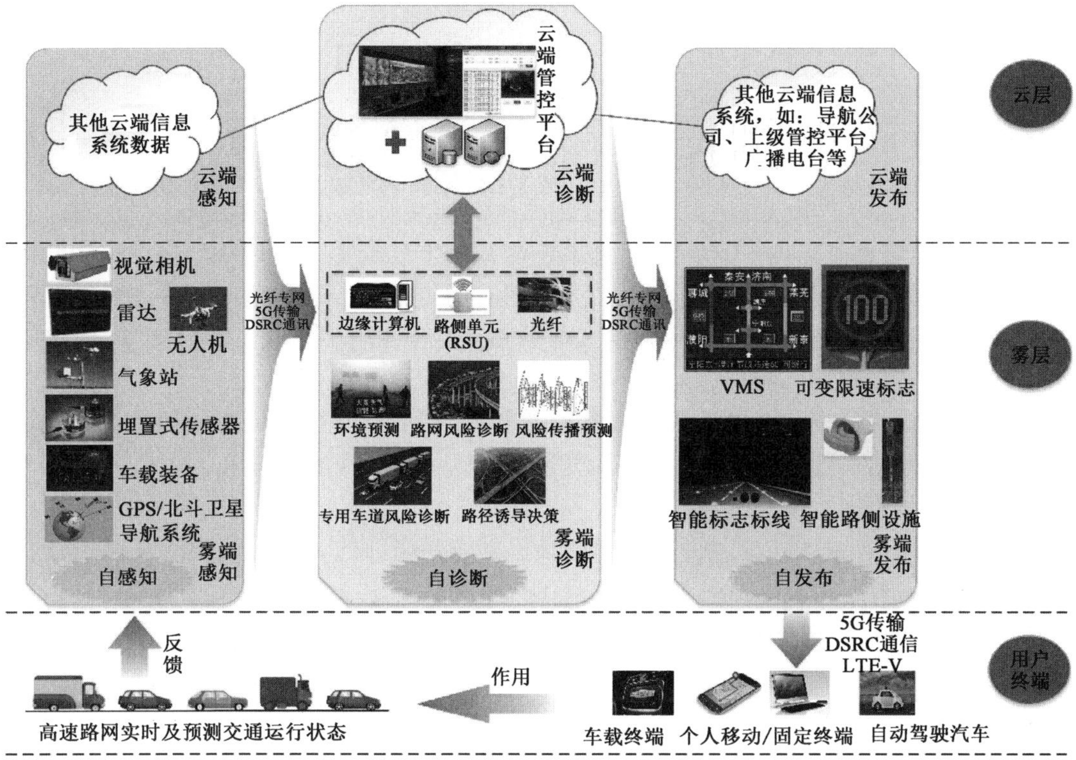

图 5-2 新一代高速公路网全时安全运行风险管控平台总体架构设计

5.2 数据库

5.2.1 数据库设计原则与流程

数据库设计(Database Design)是指对于一个给定的应用环境,构造最优的数据库模式,建立数据库及其应用系统,使之能够有效地存储数据,满足各种用户的应用需求(信息要求和处理要求)。系统数据库设计需要遵循以下原则。

(1)满足当前的需求,即要进行正确的需求分析。

数据库设计是进行数据库系统开发的前奏,是业务需求的直观表现以及反映,所以在设计的过程中需要与需求紧密结合。开发者拿到需求之后需要和用户进行多次沟通、调整以及细化,并将需求的变动详细地体现在整个数据库的设计过程中,设计数据库时必须明确具体的需求,必须明确业务的具体关联关系以及流程。此外,在设计的过程中需要考虑可扩展性,预留一些可以变通的字段,用于需求的扩展。

(2)必须高度结构化,保证数据的结构化、规范化和标准化。

新一代高速公路运行风险管控系统的数据库是由许多条数据构成的,杂乱的数据结构不利于数据的收集和整理。在数据库设计之前,先对所有的数据类型进行分析,明确系统的主体部分,从而分离整体和附属。这样的好处在于首先数据结构更清晰,其次可以提高读写性能,再次建立了数据库进行信息交换的基础。

(3)适当的冗余。

在设计数据库时,一方面尽可能地减少冗余度,减少存储空间的占用,降低数据一致性问题发生的可能性;另一方面还要考虑适当的冗余,以提高运行速度和降低开发难度。预留部分冗余(必要)字段。对于类似修改时间、登录用户国际互联协议(Internet Protocol,IP)地址、操作日志等字段则需要在某些表中预留,添加必要的冗余字段是为了日后应用程序维护起来方便、扩展起来简单等,记录用户的访问 IP 以及访问时间等信息能够帮助用户快速定位到问题出现的时间点等,因此,必要的冗余字段的预留是必须要存在的。

(4)应对可能出现的新需求。

现有的数据库结构是以需求分析的结构来进行设计的,但是在设计之初仍应考虑到可能出现的新需求,因此在进行数据库设计时要充分考虑到可能出现的新需求。

(5)应对大数据量。

随着访问量的增加,最初的数据库设计可能不能满足当前的访问需求,这就需要在设计之初优化数据结构,采取相应措施应对可能出现的大数据量。

数据库设计的流程主要包括对需求分析、概念结构设计、逻辑结构设计、物理设计、有效实施及运行维护等。

(1)需求分析。

在数据库设计的过程中,首先应该深入科学地分析和了解系统的需求。其中,需求分析不仅仅是整个的数据库设计中的基础环节,更是对数据库的设计起着决定性的作用。需求分析的主要内容就是对系统的需求进行了解与分析,其最为主要的目的就是以最小投入达到系统最终要求的效果。需求分析所得结果的准确性对数据库的设计效果有着非常直接的影响,只有准确的需求分析结果才能够确保让用户的最终需求通过数据库的设计而得到满足,保障数据库最终设计成果的科学合理性,并能够运用于现实中。

(2)概念结构设计。

在数据库设计的过程中,概念结构设计是最为关键的环节。概念结构设计指的是在需求分析结果的基础上对实际需求情况进行准确的抽象,在此基础上对数据库设计所要达到的效果进行实现。因此,应该将 DBMS(数据库设计的概念结构)应用在数据库设计的过程中,通过总结和归纳系统需求形成 DBMS 模型。概念模型拥有较强的语言表达能力,能够直接、方便地表达各种语义;简单、清晰并易于理解,便于相关人员交流。需求分析得以转换到数据库,是由数据库设计中的概念结构设计为起因的,对数据库是否能够满足系统需求有着最为直接的影响。

E-R 图是数据库概念结构设计中广泛使用的数据建模工具,它提供了表示实体类型、属性和联系的方法。

在数据库的概念结构设计中,通过归纳与整合 E-R 图,可以让数据库得到不断的优化,保障结构概念设计的最终目标得以实现。

(3)逻辑结构设计。

抽象概念结构转换到有 DBMS 支持的数据模型的实现同时得到深入优化的过程就是逻辑结构设计。不同的 DBMS 决定着不同的设计工具与设计环境,数据库的逻辑结构设计过程主要的步骤包括:首先,实现概念模型向层次模型和关系模型的转换;其次,完成关系模型与层次模型向特定的 DBMS 支持的数据模型的转换;最后,将数据结构以满足系统需求和 DBMS 特征为目标进行不断的调整与完善。

关系模型是我国目前的 DBMS 通常采用的模型,设计数据库逻辑结构实际上就是 E-R 图向着关系模型进行转换,而这个转换的过程实际上就是让 E-R 模型中的关系、属性以及实体完成向相对应的关系模型的转换,让数据库的逻辑结构得以实现。由于目前 DBMS 基本上统一采用关系模型,因此,数据库的逻辑结构设计过程就可以简化为将概念结构设计过程中所得到的 E-R 图转化为关系模型。关系模型是由一组关系的结合,而概念结构设计中得到的 E-R 模型则是由实体、属性及关系三要素组成。可以说,将 E-R 模型转换为关系模型,就是将实体、属性和关系三者转换为其相对应的关系模型,从而完成数据库逻辑结构设计。

(4)物理设计。

数据在数据库相关设备中的存储结构和存取方式统称为数据库物理结构。逻辑结构设计、概念结构设计与需求分析是构成数据物理设计的三个基本点,设计数据库物理结构首先要确定的便是数据路物理结构模型。数据库物理设计中是以逻辑结构设计为基础的,借助于 DBMS,对数据存储的位置、结构和存储分配方案进行合理的选择,从而设计出科学合理的数据库物理结构,保障数据库物理结构的实用性。

存取方法、记录存储格式和存储方法组成了数据库物理设计的主要内容。三者之中,记录存储格式是对数据库的格式化存储和模式属性特征进行设计,进而确定数据库的数据压缩方式。存取方法的设计过程主要指的是对数据库中的数据进行快速的存取,常用的存取方法有索引法、聚簇法、HASH 方法等;较为常用的存储方法设计包括顺序存放、散列存放、聚簇存放等。

(5)有效实施及运行维护。

在设计数据库的过程中,通过灵活运用宿主语言和 DBMS 数据语言,凭借数据库的物理设计与逻辑结构设计建立数据库,而数据库的试运行则是通过对数据录入过程和应用程序编译过程的不断调试得以实现的。当数据库的试运行阶段完成后,就能够正式投入实际应用,并在实际运行的过程中对其进行不断地优化与完善,确保数据库能够在运行的过程中保持稳定与健康。

5.2.2　管控平台数据库结构

与第 5 章对应,采用上述新一代高速公路网数据模型及其编码与存储方法,建立关系型数据库,软件基础开发平台中平台对常见主流数据库,如 Oracle、SQL Server、MySQL 等都有良好的支持,同时支持集群的读写分离、负载均衡,以及大数据量下的分库分表。部分信息表列举见表 5-1 ~ 表 5-18。高速公路物理结构数据及运行结构数据关系分别如图 5-3、图 5-4 所示。

交通标线信息表　　表 5-1

表名	tbl_pavement_markings					
描述内容	存储交通标线的标识、位置、拓扑等信息					
字段名称	字段描述	数值类型	长度	主键	可否为空	其他
id	主键 id	varchar	36	Y	N	
controlunit_id	所属管控单元 id	varchar	36		N	

续上表

字段名称	字段描述	数值类型	长度	主键	可否为空	其他
identification_code	标识码	varchar	36		N	
classification_code	分类编码	varchar	36		N	
start_position	起点桩号	varchar	50		N	
end_position	终点桩号	varchar	50		N	
start_longitude	起点经度	decimal	10		N	
start_latitude	起点纬度	decimal	10		N	
end_longitude	终点经度	decimal	10		N	
end_latitude	终点纬度	decimal	10		N	
horizontal_position	横向位置	varchar	36		N	
left_cross	向左跨越参数	int			N	
right_cross	向右跨越参数	int			N	
markings_picture	标线图片	varchar	255		N	

交通标志信息表

表 5-2

表名	tbl_traffic_signs					
描述内容	存储交通标志的标识、位置、拓扑等信息					
字段名称	字段描述	数值类型	长度	主键	可否为空	其他
id	主键 id	varchar	36	Y	N	
controlunit_id	所属管控单元 id	varchar	36		N	
identification_code	标识码	varchar	36		N	
classification_code	分类编码	varchar	36		N	
position	桩号	varchar	50		N	
longitude	经度	decimal	10		N	
latitude	纬度	decimal	10		N	
horizontal_position	横向位置	varchar	36		N	
limit_vehicle	限制通行车辆	varchar	50		Y	
limit_start_time	限制通行开始时间	datetime			Y	
limit_end_time	限制通行结束时间	datetime			Y	
permission_vehicle	允许通行车辆	varchar	50		Y	
content_digital_code	版面内容数字码	varchar	255		Y	
content_picture	版面图片	varchar	255		N	

护栏信息表

表 5-3

表名	tbl_guardrail					
描述内容	存储护栏的标识、位置、拓扑等信息					
字段名称	字段描述	数值类型	长度	主键	可否为空	其他
id	主键 id	varchar	36	Y	N	
controlunit_id	所属管控单元 id	varchar	36		N	
identification_code	标识码	varchar	36		N	
classification_code	分类编码	varchar	36		N	
start_position	起点桩号	varchar	50		N	
end_position	终点桩号	varchar	50		N	
start_longitude	起点经度	decimal	10		N	
start_latitude	起点纬度	decimal	10		N	
end_longitude	终点经度	decimal	10		N	
end_latitude	终点纬度	decimal	10		N	
horizontal_position	横向位置	varchar	36		N	
protection_level	护栏等级	int			N	
cross_parameter	可跨越参数	int			N	
guardrail_picture	护栏图片	varchar	255		N	

视线诱导设施信息表

表 5-4

表名	tbl_sight_guidance_facility					
描述内容	存储视线诱导设施的标识、位置、控制等信息					
字段名称	字段描述	数值类型	长度	主键	可否为空	其他
id	主键 id	varchar	36	Y	N	
controlunit_id	所属管控单元 id	varchar	36		N	
identification_code	标识码	varchar	36		N	
classification_code	分类编码	varchar	36		N	
start_position	起点桩号	varchar	50		N	
end_position	终点桩号	varchar	50		N	
start_longitude	起点经度	decimal	10		N	
start_latitude	起点纬度	decimal	10		N	
end_longitude	终点经度	decimal	10		N	
end_latitude	终点纬度	decimal	10		N	
horizontal_position	横向位置	varchar	36		N	
color	颜色信息	varchar	10		Y	
flicker_frequency	闪烁频率	varchar	36		Y	
luminance	亮度信息	varchar	36		Y	
visible_distance	可视距离	varchar	36		Y	
start_time	开始时间	datetime			Y	
end_time	结束时间	datetime			Y	

其他交通安全设施信息表

表 5-5

表名	tbl_other_safety_facility					
描述内容	存储其他交通安全设施的标识、位置等信息					
字段名称	字段描述	数值类型	长度	主键	可否为空	其他
id	主键 id	varchar	36	Y	N	
controlunit_id	所属管控单元 id	varchar	36		N	
identification_code	标识码	varchar	36		N	
classification_code	分类编码	varchar	36		N	
start_position	起点桩号	varchar	50		N	
end_position	终点桩号	varchar	50		N	
start_longitude	起点经度	decimal	10		N	
start_latitude	起点纬度	decimal	10		N	
end_longitude	终点经度	decimal	10		N	
end_latitude	终点纬度	decimal	10		N	
horizontal_position	横向位置	varchar	36		N	

通信设施信息表

表 5-6

表名	tbl_communication_facility					
描述内容	存储通信设施的标识、位置、技术、可靠性等信息					
字段名称	字段描述	数值类型	长度	主键	可否为空	其他
id	主键 id	varchar	36	Y	N	
controlunit_id	所属管控单元 id	varchar	36		N	
identification_code	标识码	varchar	36		N	
classification_code	分类编码	varchar	36		N	
position	桩号	varchar	50		N	
longitude	经度	decimal	10		N	
latitude	纬度	decimal	10		N	
horizontal_position	横向位置	varchar	36		N	
spatial_location	空间位置	varchar	36		N	
communication_distance	有效通信距离	bigint			N	
delay_parameter	时延参数	varchar	10		N	
packet_loss_rate	丢包率	decimal			N	
protocol_type	传输协议类型	varchar	50		N	
data_sending_type	数据发送类型	varchar	50		N	
com_peak_rate	通信峰值速率	decimal			N	
failure_probability	失效概率	decimal			N	
current_working_status	当前设备工作状态	varchar	10		N	

交通运行状态感知设备信息表 表5-7

表名	tbl_traffic_status_detection_equipment_facility					
描述内容	存储交通运行状态感知设备的标识、位置、技术、可靠性等信息					
字段名称	字段描述	数值类型	长度	主键	可否为空	其他
id	主键 id	varchar	36	Y	N	
controlunit_id	所属管控单元 id	varchar	36		N	
identification_code	标识码	varchar	36		N	
classification_code	分类编码	varchar	36		N	
position	桩号	varchar	50		N	
longitude	经度	decimal	10		N	
latitude	纬度	decimal	10		N	
horizontal_position	横向位置	varchar	36		N	
spatial_location	空间位置	varchar	36		N	
altitude	高程	decimal	10		N	
detection_angle	探测角度	decimal	10		N	
detection_accuracy	检测精度	decimal			N	
par_output_frequency	参数输出时间间隔	time			N	
ver_effective_coverage	纵向有效覆盖范围	bigint			N	
hor_effective_coverage	横向有效覆盖范围	varchar	36		N	
false_negative_rate	漏报率	decimal			N	
false_alarm_rate	误报率	decimal			N	
event_alarm rate	事件检测报警速率	decimal			N	
failure_probability	失效概率	decimal			N	
current_working_status	当前设备工作状态	varchar	10		N	
traffic_incident_type	交通事件类型	varchar	10		N	

交通流信息表 表5-8

表名	tbl_traffic_flow					
描述内容	存储设备采集的交通流密度、速度、流量等信息					
字段名称	字段描述	数值类型	长度	主键	可否为空	其他
id	主键 id	varchar	36	Y	N	
device_id	设备 id	varchar	36		N	foreign key
controlunit_id	所属管控单元 id	varchar	36		N	
target_number	动态监控目标数量	bigint			N	
lane	车道	tinyint			N	
car_type	车型	varchar	36		N	
traffic_volume	车流量	bigint			N	

续上表

字段名称	字段描述	数值类型	长度	主键	可否为空	其他
speed	车速	bigint			N	
time_headway	车头时距	time			N	
space_headway	车头间距	bigint			N	
space_occupancy	空间占有率	decimal			N	
time_occupancy	时间占有率	decimal			N	
traffic_picture	图片	varchar	255		N	
compression_rate	压码率	decimal			Y	

气象环境感知设备信息表 表 5-9

表名	tbl_meteorological_detection_equipment_facility					
描述内容	存储气象环境感知设备的标识、位置、技术、可靠性等信息					
字段名称	字段描述	数值类型	长度	主键	可否为空	其他
id	主键 id	varchar	36	Y	N	
controlunit_id	所属管控单元 id	varchar	36		N	
identification_code	标识码	varchar	36		N	
classification_code	分类编码	varchar	36		N	
position	桩号	varchar	50		N	
longitude	经度	decimal	10		N	
latitude	纬度	decimal	10		N	
horizontal_position	横向位置	varchar	36		N	
spatial_location	空间位置	varchar	36		N	
altitude	高程	decimal	10		N	
detection_accuracy	检测精度	decimal			N	
par_output_frequency	参数输出频率	time			N	
effective_coverage	有效测量范围	bigint			N	
accuracy	分辨力	decimal			N	
failure_probability	失效概率	decimal			N	
current_working_status	当前设备工作状态	varchar	10		N	

气象环境信息表 表 5-10

表名	tbl_meteorological_environment					
描述内容	存储能见度、降雨量、路面湿滑系数等气象环境及路面状态信息					
字段名称	字段描述	数值类型	长度	主键	可否为空	其他
id	主键 id	varchar	36	Y	N	
device_id	设备 id	varchar	36		N	foreign key
controlunit_id	所属管控单元 id	varchar	36		N	foreign key

续上表

字段名称	字段描述	数值类型	长度	主键	可否为空	其他
visibility	能见度	varchar	20		N	
air_temperature	气温	varchar	20		N	
relative_humidity	相对湿度	varchar	20		N	
wind_speed	风速	varchar	20		Y	
wind_direction	风向	varchar	20		Y	
rain	降水	varchar	20		N	
road_temperature	路面温度	varchar	20		Y	
road_condition	路面状况	varchar	20		N	
water_film_thickness	路面水膜厚度	varchar	20		N	
icing_thickness	路面结冰厚度	varchar	20		N	
snow_thickness	路面积雪厚度	varchar	20		N	
wet_slip_coefficient	湿滑系数	varchar	20		N	

交通信号控制设施信息表　　表 5-11

表名	tbl_traffic_signal_control_facility					
描述内容	存储交通信号控制设施的标识、位置、技术、控制等信息					
字段名称	字段描述	数值类型	长度	主键	可否为空	其他
id	主键 id	varchar	36	Y	N	
controlunit_id	所属管控单元 id	varchar	36		N	
identification_code	标识码	varchar	36		N	
classification_code	分类编码	varchar	36		N	
position	桩号	varchar	50		N	
longitude	经度	decimal	10		N	
latitude	纬度	decimal	10		N	
horizontal_position	横向位置	varchar	36		N	
pass_parameter	可通行性参数	tinyint			N	
failure_probability	失效概率	decimal	5		N	
current_working_status	当前设备工作状态	varchar	10		N	

交通信息发布设施信息表　　表 5-12

表名	tbl_traffic_information_dissemination_facility					
描述内容	存储交通信息发布设施的标识、位置、版面、控制等信息					
字段名称	字段描述	数值类型	长度	主键	可否为空	其他
id	主键 id	varchar	36	Y	N	
controlunit_id	所属管控单元 id	varchar	36		N	
identification_code	标识码	varchar	36		N	

续上表

字段名称	字段描述	数值类型	长度	主键	可否为空	其他
classification_code	分类编码	varchar	36		N	
position	桩号	varchar	50		N	
longitude	经度	decimal	10		N	
latitude	纬度	decimal	10		N	
horizontal_position	横向位置	varchar	36		N	
content_digital_code	版面内容数字码	varchar	255		Y	
content_picture	版面图片	varchar	255		N	
limit_vehicle	限制通行车辆	varchar	50		Y	
limit_start_time	限制开始时间	datetime			Y	
limit_end_time	限制结束时间	datetime			Y	
limit_speed	限速值	tinyint			Y	
failure_probability	失效概率	decimal	5		N	
current_working_status	当前设备工作状态	varchar	10		N	

路网节点构件信息表

表 5-13

表名	tbl_network_node_components					
描述内容	存储路网节点构件的标识、位置等信息					
字段名称	字段描述	数值类型	长度	主键	可否为空	其他
id	主键 id	varchar	36	Y	N	
controlunit_id	所属管控单元 id	varchar	36		N	
identification_code	标识码	varchar	36		N	
classification_code	分类编码	varchar	36		N	
position	桩号	varchar	50		N	
longitude	经度	decimal	10		N	
latitude	纬度	decimal	10		N	

拓扑结构信息表

表 5-14

表名	tbl_topology					
描述内容	存储拓扑结构的标识、位置、拓扑等信息					
字段名称	字段描述	数值类型	长度	主键	可否为空	其他
id	主键 id	varchar	36	Y	N	
controlunit_id	所属管控单元 id	varchar	36		N	
identification_code	标识码	varchar	36		N	
classification_code	分类编码	varchar	36		N	

续上表

字段名称	字段描述	数值类型	长度	主键	可否为空	其他
start_position	起点桩号	varchar	50		N	
end_position	终点桩号	varchar	50		N	
start_longitude	起点经度	decimal	10		N	
start_latitude	起点纬度	decimal	10		N	
end_longitude	终点经度	decimal	10		N	
end_latitude	终点纬度	decimal	10		N	
node_connectivity	节点连通性参数	tinyint			Y	
cross_parameter	边可跨越参数	tinyint			Y	
previous_control_unit	上游管控单元	varchar	36		N	
next_control_unit	下游管控单元	varchar	36		N	

管控单元信息表 表 5-15

表名	tbl_control_unit					
描述内容	存储管控单元的标识、位置、控制、交通流、气象环境等信息					
字段名称	字段描述	数值类型	长度	主键	可否为空	其他
id	管控单元 id	varchar	36	Y	N	
identification_code	标识码	varchar	36		N	
classification_code	分类编码	varchar	36		N	
start_position	起点桩号	varchar	50		N	
end_position	终点桩号	varchar	50		N	
start_longitude	起点经度	decimal	10		N	
start_latitude	起点纬度	decimal	10		N	
end_longitude	终点经度	decimal	10		N	
end_latitude	终点纬度	decimal	10		N	
up_down_direction	上/下行	varchar	36		N	
traffic_control	交通控制信息	varchar	255		N	
traffic_flow	交通流信息	varchar	255		N	
met_environment	气象环境信息	varchar	255		N	

车辆信息表 表 5-16

表名	tbl_vehicle					
描述内容	存储车辆的标识、位置、运行、技术等信息					
字段名称	字段描述	数值类型	长度	主键	可否为空	其他
id	主键 id	varchar	36	Y	N	
controlunit_id	所属管控单元 id	varchar	36		N	

续上表

字段名称	字段描述	数值类型	长度	主键	可否为空	其他
identification_code	标识码	varchar	36		N	
classification_code	分类编码	varchar	36		N	
longitude	经度	decimal	10		N	
latitude	纬度	decimal	10		N	
altitude	高程	decimal	10		N	
time	时刻	time			N	
speed	运行速度	bigint			N	
automation_level	自动化等级	int	2		N	
special_vehicle	是否为“两客一危”	int	1		N	
dangerous_goods_type	危险品类型	varchar	36		Y	
tonnage	吨位	decimal	10		Y	

天气构件信息表 表 5-17

表名	tbl_weather_components					
描述内容	存储天气构件的标识、位置、运行等信息					
字段名称	字段描述	数值类型	长度	主键	可否为空	其他
id	主键 id	varchar	36	Y	N	
set_controlunit_id	所辖管控单元 id 集	varchar	255		N	
identification_code	标识码	varchar	36		N	
classification_code	分类编码	varchar	36		N	
start_time	开始时间	datetime			Y	
end_time	结束时间	datetime			Y	
value	具体数值	varchar	36		N	
level	灾害天气等级	tinyint			Y	

管控措施信息表 表 5-18

表名	tbl_control_measures					
描述内容	存储管控措施的标识、位置、时间、空间等信息					
字段名称	字段描述	数值类型	长度	主键	可否为空	其他
id	主键 id	varchar	36	Y	N	
controlunit_id	所辖管控单元 id 集	varchar	255		N	
identification_code	标识码	varchar	36		N	
classification_code	分类编码	varchar	36		N	
start_time	开始时间	datetime			N	
end_time	结束时间	datetime			N	
control_measures	管控措施	varchar	255		N	

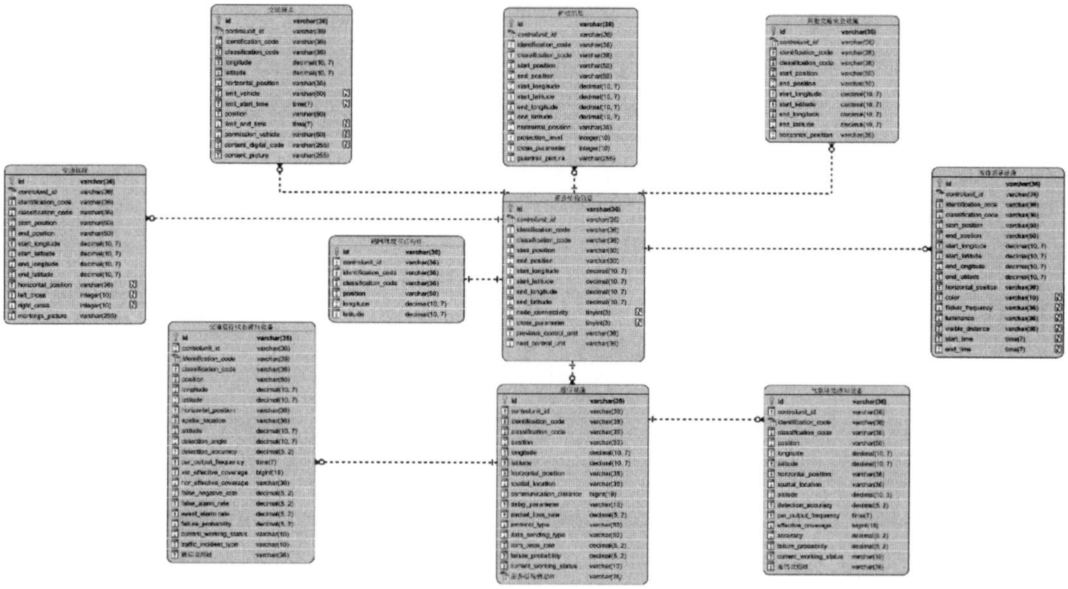

图 5-3　物理结构数据模型

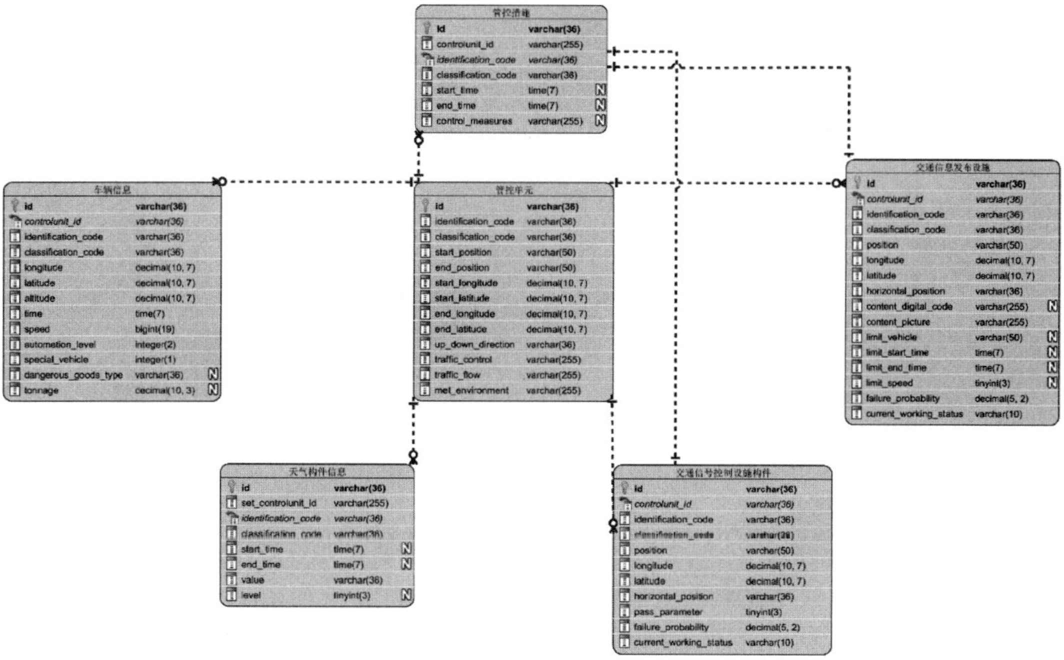

图 5-4　运行结构数据模型

5.3 运行机制

5.3.1 数据流图

数据流图(Data Flow Diagram,DFD),又称数据流程图,是描述系统中数据流程的一种图形工具,它标志了一个系统的逻辑输入和逻辑输出,以及把逻辑输入转换为逻辑输出所需的加工处理过程。数据流是一组数据,在数据流图中数据流用带箭头的线表示,在其线旁标注数据流名,应尽可能描绘所有可能的数据流向,而不应只描绘出现某个数据流条件。

数据流图不是传统的流程图或框图,数据流也不是控制流。数据流图是从数据的角度来描述一个系统,而框图是从对数据进行加工的工作人员的角度来描述系统。如果系统的规模较大,仅用一个 DFD 难以描述,会使得系统变得复杂、庞大而又难以理解。为了降低系统的复杂性,一般采取“逐层分解”的方法,绘制分层的 DFD。绘制分层 DFD 的原则一般是:先全局后局部,先整体后细节,先抽象后具体。绘制分层 DFD 的步骤一般是:①先确定整个系统的范围和功能,绘制顶层的 DFD;②绘制出顶层的 DFD 之后,然后逐层分解顶层 DFD,获得若干中间层 DFD;③根据获得的中间层 DFD 绘制各个底层的 DFD。

数据流图将用以查找、编辑、存储和分发数据的功能或过程图像化,方便用户和系统设计人员沟通。数据流图的结构也容易让开发人员从高点分析系统,继而生成一系列用以深入分析的图表。目前,数据流图被广泛应用,原因如下:可用于表达系统的逻辑信息流;可用于寻找系统需求;简单、易理解的图形符号;可建立人工和自动系统的需求。一个典型的数据流图范式如图 5-5 所示。

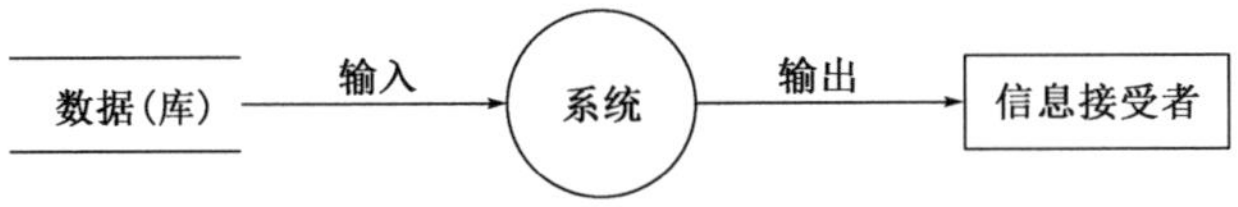

图 5-5 典型数据流图范式

数据流图的一大原则是数据不能自行转换成另一形态,数据必须经由某程序的处理才可被分发至系统的某个部分,因此,绘图时需注意避免以下几点错误:①没有经由程序处理,故实体不能将数据传送至另一个实体;②数据不能直接从实体移动到数据存储而没有事先经由程序处理;③数据不能直接从数据存储移动至实体而没有事先经由程序处理;④数据不能直接从一个数据存储移动到另一个数据存储而没有事先经由程序处理。

Visual Paradigm(简称“VP”)是一款强大的数据建模工具,是包含设计共享、线框图和数据库设计等新特性的设计工具。数据流图的四种基本图形符号及其含义见表 5-19。

数据流图的基本图形符号及其含义 表 5-19

序号	图形符号		含义
	通用符号	VP 软件中的符号	
1	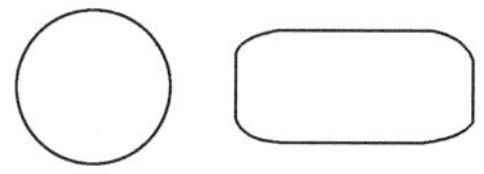	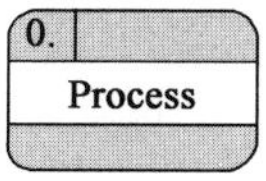	圆或椭圆表示处理过程
2			双杠或者单杠表示数据存储
3	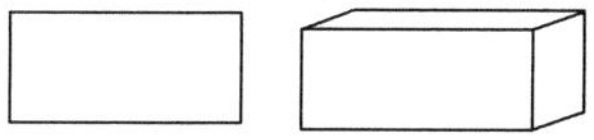	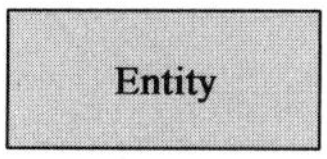	矩形框表示数据的源点或终点,即外部实体
4			箭头表示数据流

平台规划发布计划事件(占道施工、交通管制)、突发事件(交通拥堵、交通事故、灾害天气)、线路诱导、到达点调度等具体功能。对于路网中的实时交通风险,通过数据信息采集设备进行全面感知,然后传输通过有线和无线网络传输给数据中心和管控平台。管控平台对数据进行综合分析处理后,将决策结果发向两个渠道:一方面是发给上级高速公路管控中心,以便进行全省统一管控;另一方面将结果发向路侧的诱导设施,如可变信息标志、可变限速标志、路侧单元等,进行路径实时畅通情况的提示与诱导。发往省级管控中心的数据,再统一打包发给导航公司、广播电台、公众号、电信公司等方面,通过先进的互联网技术进行更广时空范围内的交通诱导。基于路侧实时诱导设施发布的信息以及各类互联网平台发布的诱导信息,高速公路局域路网中的车辆运行状态会发生改变。至此,一个完整的信息"采集—传输—处理—发布"数据流闭环结束。然后,不断进行路网交通信息数据流的循环。

为使得交通诱导信息实时、有效、个性化服务出行者,通过融合互联网、传统交通数据、视频数据,诱导方案统一通过一体化信息管控平台对接多渠道,通过不同终端系统触达公众。平台拓宽了交通信息发布的通道,从传统诱导屏发布到针对交通管制、施工占道等计划性事情面向互联网导航(高德、百度)用户的信息发布,打通了道路用户和道路管理者之间的双向信息即时交换。

综上,提出高速路网运行风险管控平台的数据流图,如图 5-6 所示。

5.3.2 原型系统

按照系统工程的概念,原型系统是指当前系统的原始形态。依据本章上述内容,为更好地指导系统建设,下面给出高速公路网全时安全运行管控系统的原型系统设计。高速公路网全时安全运行管控系统共包括登录页、首页、全息运行数据感知、实时运行风险诊断、运行风险状态预测、决策支持、报表查询、用户管理等八个界面,各界面详细内容及操作说明详述如下。

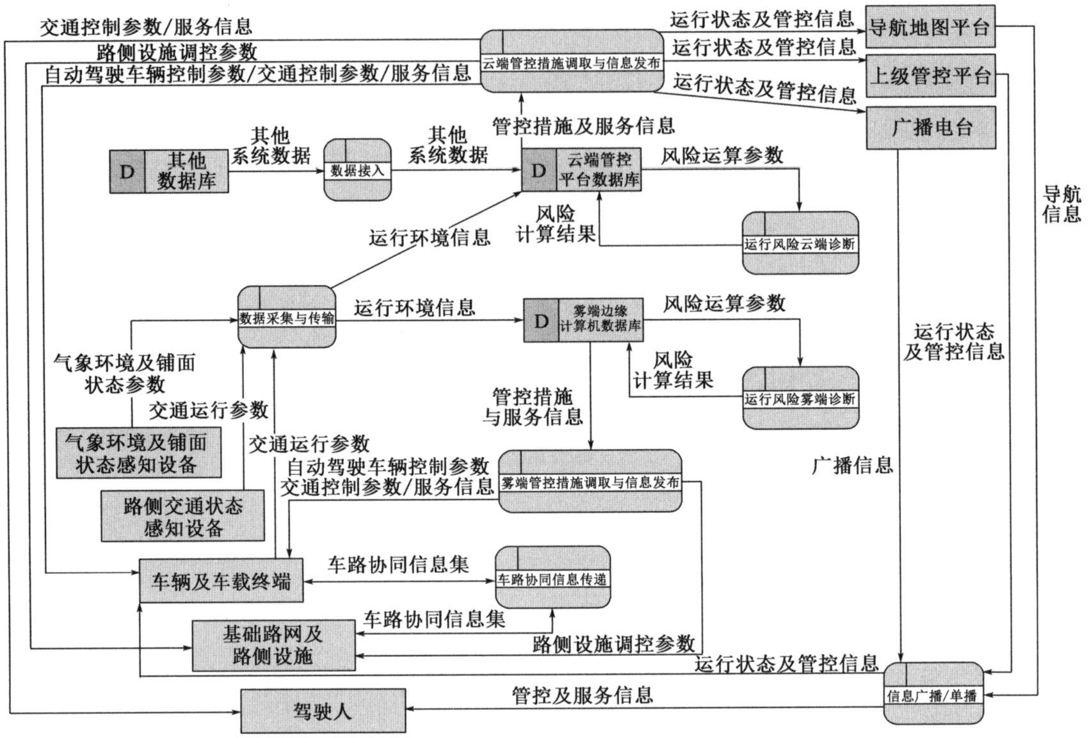

图 5-6　总体数据流图

(1)登录页。

平台名称:高速公路网全时安全运行管控系统(图 5-7)。输入正确账号密码即可登录。

图 5-7　高速公路网全时安全运行管控系统

(2)首页。

如图 5-8 所示,左上角框地图页面实现了动态路径展示,在该基础上可添加 mark 点,mark 点图标设置可隐藏/显示按钮。左下视频框与左上角地图中 mark 点匹配,点选不同 mark 点可显示视觉相机采集的实时视频流。下面中间位置图表显示能见度数据,横轴是时间(24h)、纵轴是能见度值(单位:m)。右下表格第一列分别为车道编号、时间、交通量、平均车速、车道占有率,右侧四列分别为车道 1,2,3,4 对应的相关数据。

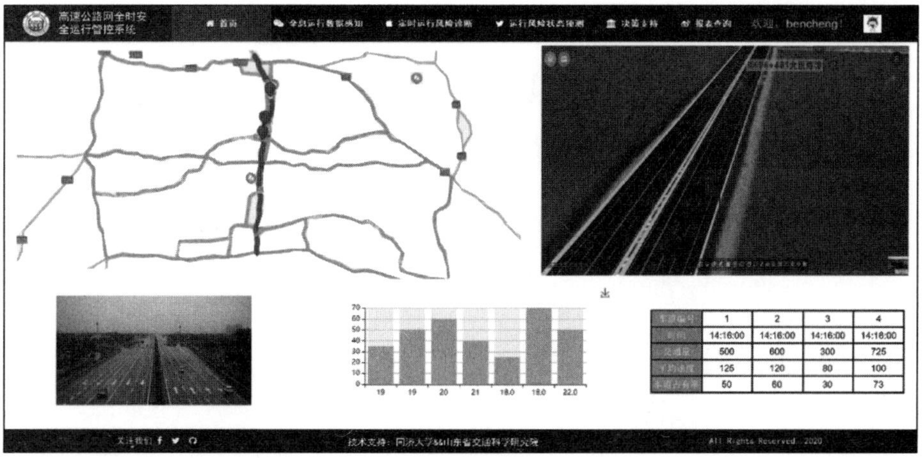

图 5-8　首页

(3)全息运行数据感知。

如图 5-9 所示，交通和气象数据包括交通量、能见度、气温、相对湿度、风速、风向、降水、路面温度、路面状况、路面水膜厚度、路面结冰厚度、路面积雪厚度、湿滑系数等。

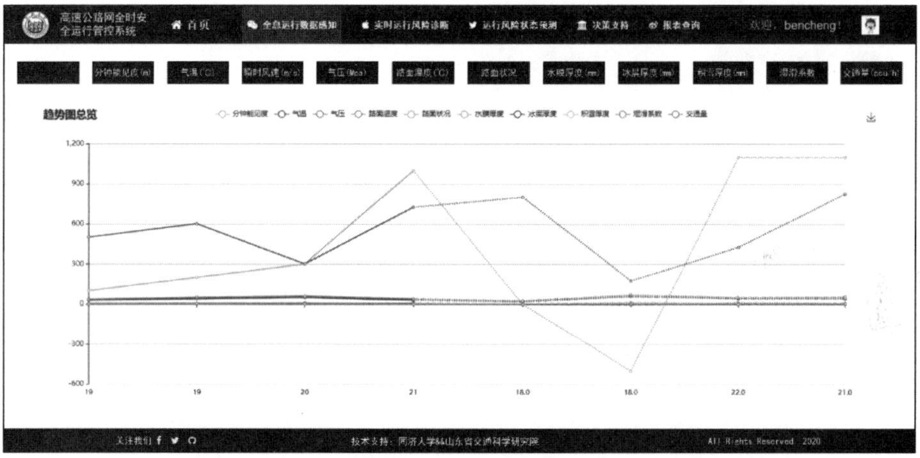

图 5-9　全息运行数据感知

(4)实时运行风险诊断。

如图 5-10 所示，实时运行风险诊断包括各个点位的摄像头视频流，并根据风险诊断算法给出各个地点的风险等级、拥堵长度、预计通过用时以及所采取相关预案。

(5)运行风险状态预测。

如图 5-11 所示，运行风险状态预测对未来一段时间内的风险状态进行预测，并依据相关算法和对策库给出相应的风险等级预测结果和管控对策建议。

(6)决策支持。

如图 5-12 所示，决策支持依据实时风险诊断、风险预测的结果，基于不同的交通和气象状态给出不同的管控对策并发布。

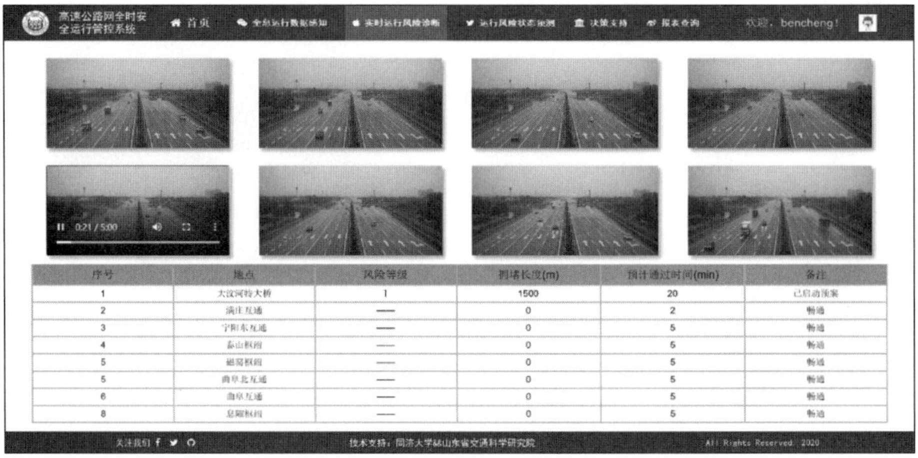

图 5-10　实时运行风险诊断

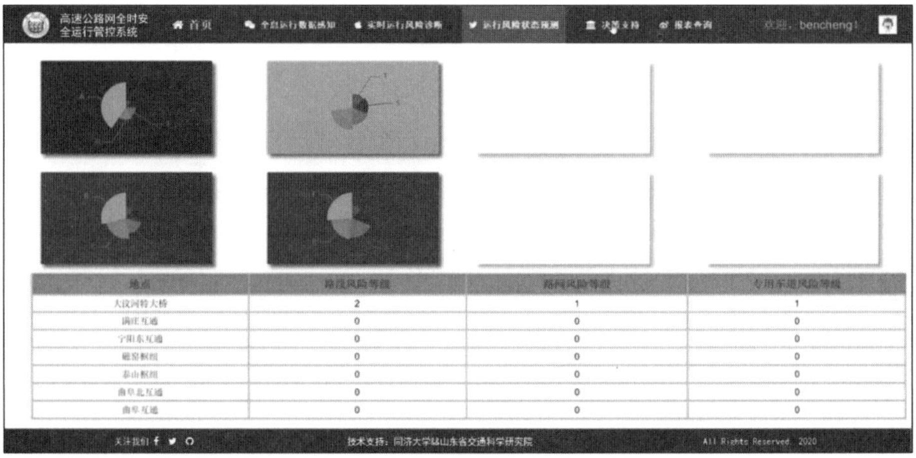

图 5-11　运行风险状态预测

图 5-12　决策支持

(7)报表查询。

如图 5-13 所示，对于历史数据，可以按时间、地点进行查询、筛选并按需导出。

图 5-13　报表查询

(8)用户管理。

如图 5-14 所示，为了系统的安全，本系统设置用户权限，仅当用户输入正确的账号密码时方可使用。同时，管理员在后台可以对每个用户的相关个人信息进行查看和管理，并设置不同的使用权限。

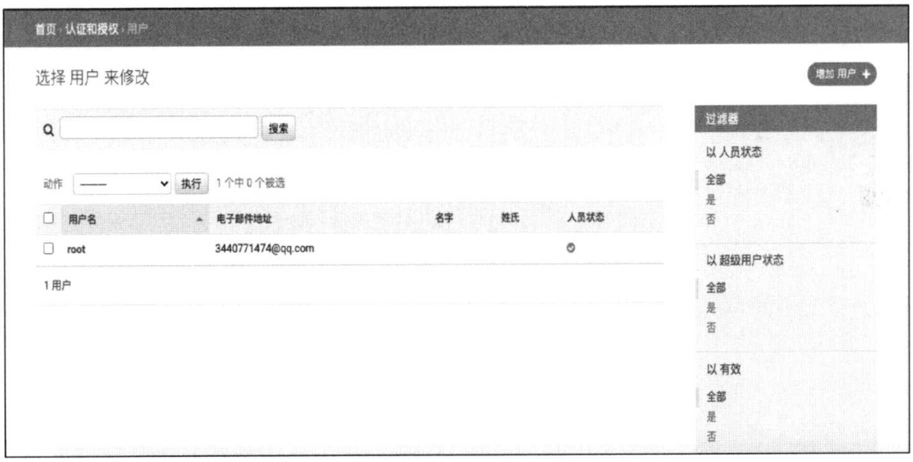

图 5-14　用户管理

5.4　本章小结

本章从运行风险管控的角度分析，确定了新一代高速公路网运行风险管控平台应具有的全息运行数据采集与处理功能、实时交通风险状态诊断与评估功能、交通风险状态预测功能、决策支持功能、查询功能、精细化展示功能等六大功能需求及其总体架构。基于数据库设计的基本理论和方法,定义了管控平台数据库应具有的字段名称、字段描述、数值类型、长度、主键以及可否为空等结构参数。基于 DFD 的基础概念和建模方法,对各类管控措施的数据流过程进行了梳理和建模,建立了总数据流图和各类措施的分数据流图及其数据内容,明晰了运行风险管控措施实施过程中的数据流过程;设计开发了高速公路网全时安全运行风险管控原型系统。

参考文献

[1] 贵州省统计局,国家统计局贵州省调查总队. 贵州统计年鉴2021 [M]. 北京:中国统计出版社,2021.

[2] 姬杨蓓蓓. 交通事件持续时间预测方法研究 [D]. 上海:同济大学,2008.

[3] 袁方. 典型工况下驾驶行为模式与行为谱构建 [D]. 上海:同济大学,2022.

[4] 中华人民共和国交通运输部. 道路交通标志和标线 第2部分:道路交通标志:GB 5768.2—2022[S]. 北京:中国标准出版社,2022.

[5] 胡江碧,何禄诚,王荣华. 高速公路互通式立交安全性评价研究综述 [J]. 中国公路学报,1-13.

[6] 李贤钰. 行车实时驾驶行为风险辨识及动态纠偏 [D]. 上海:同济大学,2020.

[7] 关志强. 基于交通冲突技术的高速公路施工区安全性研究 [D]. 哈尔滨:哈尔滨工业大学,2011.

[8] 郑来. 基于交通冲突极值统计的安全分析模型研究 [D]. 哈尔滨:哈尔滨工业大学,2014.

[9] 李立,徐志刚,赵祥模,等. 智能网联汽车运动规划方法研究综述 [J]. 中国公路学报,2019,32(6):20-33.

[10] HOSSAIN M,ABDEL-ATY M,QUDDUS M A,et al. Real-time crash prediction models:State-of-the-art,design pathways and ubiquitous requirements [J]. Accident Analysis and Prevention,2019,124:66-84.

[11] LV M Q,HONG Z X,CHEN L,et al. Temporal Multi-Graph Convolutional Network for Traffic Flow Prediction [J]. Ieee Transactions on Intelligent Transportation Systems,2021,22(6):3337-3348.

[12] 徐吉谦,陈学武. 交通工程总论 [M]. 北京:人民交通出版社股份有限公司,2015.

[13] 孙倩,郭忠印. 基于离散时间信号相关性的交通事件检测算法[J]. 同济大学学报(自然科学版),2018,46(11):1508-1513.

[14] 吕路,李杰,郭忠印,等. 高速公路交通事故持续时间计算方法研究[J]. 公路交通科技,2022,39(12):155-162.

[15] ROSEN D A,MAMMANO F J,FAVOUT R. An electronic route-guidance system for highway vehicles[J]. IEEE Transactions on Vehicular Technology,1970,19(1):143-152.

[16] PETERS J I,MAMMANO F J,DENNARD D,et al. TravTek evaluation overview and recruitment statistics[C]//Proceedings of VNIS'93-Vehicle Navigation and Information Systems Conference. IEEE,1993:108-113.

[17] De L C. The ADVANCE project:formal evaluation of the targeted deployment. Volume 3[R]. Argonne National Laboratory,Castle Rock Consultants,1997.

[18] HALL R W. Route choice and advanced traveler information systems on a capacitated and dynamic network [J]. Transportation Research Part C:Emerging Technologies,1996,4(5):

289-306.
[19] 江筱薇. VMS 影响下驾驶员路径选择机理及信息发布策略研究[D]. 南京:东南大学,2017.
[20] 樊月珍. 基于交通流的车辆动态路径诱导方法研究[D]. 北京:中国农业大学,2005.
[21] SHIBATA J, FRENCH R L. A Comparison of Intelligent Transportation Systems Progress Around the World Through 1996[J]. IFAC Proceedings Volumes, 1997, 30(8): 1057-1061.
[22] VON T R. Dynamic route guidance and interactive transport management with ALI-Scout[J]. IEEE Transactions on Vehicular Technology, 1991, 40(1): 45-50.
[23] Belmont M C B, Olberding M. Radio-data system-traffic message channel (RDS-TMC) in Europe: the projects force/ecortis-implementation, techniques, organization [C] // Intelligent Transportation: Realizing the Future. Abstracts of the Third World Congress on Intelligent Transport SystemsITS America. 1996.
[24] 李鹏. 智能交通系统中动态路径诱导关键技术研究[J]. 黑龙江交通科技,2010,33(8): 266,268.
[25] 杨兆升,初连禹. 动态路径诱导系统的研究进展[J]. 公路交通科技,2000(1):36-40.
[26] 杨兆升,朱中. 交通流诱导的信息系统研究[J]. 公路交通科技,1999(4):34-38.
[27] 周元峰. 基于信息的驾驶员路径选择行为及动态诱导模型研究[D]. 北京:北京交通大学,2007.
[28] WAHLE J, ANNEN O, SCHUSTER C, et al. A dynamic route guidance system based on real traffic data[J]. European journal of operational research, 2001, 131(2): 302-308.
[29] 夏立民. 交通系统中最优路径选择算法的研究[D]. 北京:首都师范大学,2007.
[30] JAHN G, OEHME A, KREMS J F, et al. Peripheral detection as a workload measure in driving: Effects of traffic complexity and route guidance system use in a driving study[J]. Transportation Research Part F: Traffic Psychology and Behaviour, 2005, 8(3): 255-275.
[31] 靳引利. 省域高速公路网交通诱导系统关键技术研究[D]. 西安:长安大学,2009.
[32] 刘庆法. 路网环境下高速公路网容量提升及关键技术研究[D]. 西安:长安大学,2014.
[33] KHOSROSHAHI A H, KESHAVARZI P, KOOZEHKANANI Z D, et al. Acquiring real time traffic information using VANET and dynamic route guidance[C]//2011 IEEE 2nd International Conference on Computing, Control and Industrial Engineering. IEEE, 2011, 1: 9-13.
[34] 谷健. 基于 RFID 数据的城市交通流动态路径诱导研究[D]. 南京:东南大学,2017.
[35] 王钰. 基于海量轨迹数据的动态交通诱导技术研究[D]. 广州:华南理工大学,2018.
[36] 费文鹏. 面向突发事件下动态路径诱导的拥堵传播与消散预测模型[D]. 北京:北京交通大学,2017.
[37] 杨君. 高速公路路网突发事件下交通诱导与信息发布的关键技术研究[D]. 陕西:长安大学,2012.
[38] 杨志清. 服务于安全运营管理的高速公路网信息系统[D]. 上海:同济大学,2008.
[39] 刘敏. 灾害天气下高速公路网信息系统研究[D]. 重庆:重庆交通大学,2011.

[40] 仝倩.突发事件下城市路网应急动态交通分配模型研究[D].长春:吉林大学,2013.

[41] ZELENY M,COCHRANE J L. Multiple criteria decision making[M]. New York (USA): McGraw-Hill,1982.

[42] YAN L,LEI Z,J U AN S. Comprehensive Assessment on Sustainable Development of Highway Transportation Capacity Based on Entropy Weight and TOPSIS[J]. Sustainability,2014,6(7):4685-4693.

[43] WANG Y,CHEN K. Comprehensive evaluation for urban rail transit network based on TOPSIS model[J]. Applied Mechanics and Materials,2014:1862-1866.

[44] 彭祖增,孙韫玉.模糊(Fuzzy)数学及其应用[M].湖北:武汉大学出版社,2002.

[45] 姜桂艳,吴正言,常安德,等.基于信息核度的应急疏散路网关键节点和路径的确定[J].吉林大学学报(工学版),2010,40(增刊).

[46] 续宏,杨顺新,杨哲.事件状态下山西省高速公路 VMS 信息发布内容研究[J].中国交通信息化,2018(3):88-91.

[47] 王颖,张伟,吴甦.车载信息系统与驾驶安全研究综述[J].科技导报,2009,27(13):105.

[48] LIU Q,REN J. BIM modeling-based full-lifecycle carbon emissions model study on ancillary building facilities of highway[C]//20th COTA International Conference of Transportation Professionals:Transportation Evolution Impacting Future Mobility,CICTP 2020,Xi'an,2020:3536-3547.

[49] BRISCOE D. Multi-modal modelling:BIM template for hub connectivity and networks:CM2-19,CM2-40[R]. University of Texas at Austin. School of Architecture. Urban Information Lab,University of Texas at Austin,2019.

[50] El M M,ISSA M,PERJONS E. BIM-GIS integration for traffic safety in cities[J]. ISPRS Annals of Photogrammetry,Remote Sensing & Spatial Information Sciences,2021,8:161-166.

[51] DOLS J F,MOLINA J,CAMACHO-TORREGROSA F J,et al. Development of driving simulation scenarios based on building information modeling (BIM) for road safety analysis[J]. Sustainability,2021,13(4):2039.

[52] Al-DUHANI T, MANCHIRYALA R. Traffic study and flyover design for Burij Al-Sahwa roundabout using Building Information Modelling (BIM)[C]//Fourth Middle East College Student Research Conference,Muscat,Sultanate of Oman,2019:1-7.

[53] 李岩峰.山东省高速公路智能交通安全系统建设中的问题与对策研究[D].济南:山东大学,2018.

[54] 罗远哲,赵元,马金山.高速公路智能管控与服务平台系统研究[J].科技经济市场,2018(9):20-21.

[55] 王栋.高速公路云端视频管控平台的设计与实现[D].南京:东南大学,2018.

[56] 石勇.基于数据共享的高速公路公安交通综合管控应用平台总体设计研究[D].西安:长安大学,2015.

[57] 王岳如,黄浩峰,陈雨人.高速公路交通标志信息数据库结构研究[J].上海公路,2008

(1):57-60+6.
[58] 龚晓东. GIS 协同 BIM 的智能移动端室内定位方法研究[D]. 北京:北京建筑大学,2018.
[59] 阮任辉. 基于 BIM+IoT 技术的智慧桥梁施工管理研究[D]. 兰州:兰州交通大学,2018.